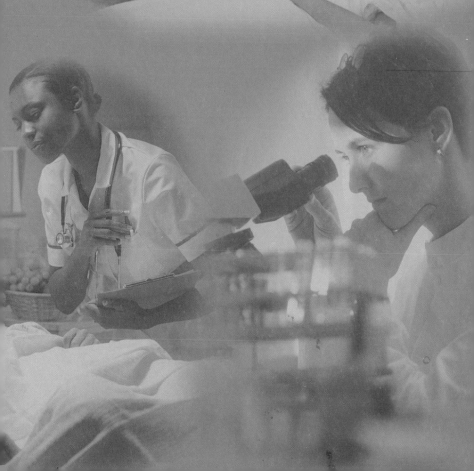

GUÍA DE
PRIMEROS AUXILIOS

GUÍA DE
PRIMEROS AUXILIOS

Dr. BENJAMÍN HERREROS RUIZ VALDEPEÑAS

Advertencia:
Los consejos, tratamientos, e información que aparecen en este libro no deben en ningún caso sustituir a los de un médico. Ante cualquier problema relacionado con su salud, acuda a un profesional cualificado en busca de ayuda. Los editores, así como el autor, no aceptan ningún tipo de responsabilidad civil ni penal, así como cualquier tipo de reclamación presentada por persona o institución alguna, como resultado del uso o mal uso de este libro, que pudiera ocasionar daños y/o perjuicios.

Copyright © EDIMAT LIBROS, S. A.
C/ Primavera, 35
Polígono Industrial El Malvar
28500 Arganda del Rey
MADRID-ESPAÑA

ISBN: 84-9764-385-2
Depósito legal: M-13878-2003

Título: Primeros auxilios .
Autor: Benjamín Herreros Ruiz Valdepeñas
Coordinador de la colección: Pedro Gargantilla Madera
Ilustraciones: David Lucas
Impreso en: COFÁS

IMPRESO EN ESPAÑA – *PRINTED IN SPAIN*

Este libro está dedicado a mis sobrinos, especialmente a mi ahijado David. Ya que les dedico tan poco tiempo, que sepan porqué.

El autor de este libro, Benjamín Herreros Ruiz Valdepeñas, nació en Daimiel, Ciudad Real, en octubre de 1973.

Se licenció en Medicina y Cirugía en 1998 y en 1999 inició la especialidad de Medicina Interna en el Hospital Clínico San Carlos de Madrid.

Tras finalizar los cursos de doctorado en Humanidades Médicas en la Universidad Complutense, obtuvo el Diploma de Estudios Avanzados en dicha universidad en 2002.

Actualmente está realizando la tesis doctoral sobre protocolos clínicos éticos, bajo la dirección del profesor Miguel Ángel Sánchez.

Es colaborador de revistas como *El Médico*, *Medicina y Profesión* y *Jano*.

Actualmente coordina el voluntariado de unidades móviles de Médicos del Mundo, organización en la que ha impartido cursos de primeros auxilios.

ÍNDICE

PRÓLOGO

Los primeros auxilios son los cuidados que se ejercen de manera improvisada cuando se presenta repentinamente una afección. Como todo lo concerniente a la medicina, puede variar de muy leve a grave. Pero requiere igualmente un primer auxilio el niño a quien le ha picado una avispa que el adulto mareado en la calle.

La sociedad actual ha alcanzado cotas de libertad impensables hace sólo unas décadas. Nuestra sociedad occidental nos ha hecho creer que todos somos iguales y eso se traduce, entre otras cosas, en que debemos tener cubiertas nuestras necesidades básicas en cuanto a vivienda, alimentación e indudablemente, salud, para que no seamos esclavos de ellas y así podamos ejercer realmente la libertad con la que nacemos. La salud es por tanto un bien irrenunciable y no podemos pensar que es responsabilidad sólo del médico. Sería igual a pensar que los jueces son los responsables de la justicia en el mundo. Tan coresponsables somos de la justicia como de la salud.

Una de las situaciones en las que nuestra corresponsabilidad con la salud resulta imprescindible son las urgencias, donde es primordial una adecuada ayuda rápida. Ese primer auxilio lo necesitamos todos, más aún, nos indigna saber que alguien que lo necesitó no lo tuvo. La mentalidad de la corresponsabilidad tiene una serie de consecuencias. La primera y más importante es que debemos tomar conciencia de que si reclamamos una serie de derechos, estaremos comprometidos con unas obligaciones. Por tanto estamos obligados a estar formados en primeros auxilios.

La salud es un problema de todos del que nos podemos ausentar. Estamos obligados a formarnos en salud y muy especialmente en primeros auxilios.

INTRODUCCIÓN

Un libro como éste, de primeros auxilios destinado a personas sin formación universitaria sanitaria, no debe ser muy denso en el contenido. Debe servir para aclarar conceptos respecto a los primeros auxilios y, de una manera sencilla y amena, para explicar cuál es el manejo básico de determinadas situaciones urgentes. Por supuesto, tampoco pretende sustituir al médico (o a los servicios de urgencias).

Este manual básico de primeros auxilios es una guía que puede resultar de ayuda en aquellas circunstancias donde una desgracia sorprende, en espera de poder contar con la colaboración de personal más cualificado: socorrer y auxiliar a quien lo necesita sin exceder los límites de lo prudente.

Por supuesto también se puede usar el libro sin que una urgencia apremie. Saber de antemano la forma de actuar más razonable en urgencia es clave, sobre todo para quien necesita ser socorrido.

Trataré de recoger las situaciones que con más frecuencia requieren una rápida asistencia, algunas graves, con riesgo vital para quien las protagoniza; otras sin gravedad, pero en las que una adecuada actuación puede resultar un gran alivio. Los primeros capítulos darán una idea general sobre la manera de actuar ante una urgencia (pautas generales, el manejo del accidentado, la reanimación...). Más adelante se tratarán temas más específicos, como la manera de cortar una hemorragia o qué hacer ante una picadura. La estructura de los capítulos tiene algunos aspectos comunes para facilitar la comprensión de todos los temas: al principio se darán los conceptos necesarios para entender el capítulo, así como las nociones teóricas que sean precisas. Después se desarrollará más concretamente el tema: en ocasiones se explicarán los *signos y síntomas* del proceso y casi siempre la actuación de *primeros auxilios*. Para hacer más amena la lectura, habrá una sección dedicada a curiosidades (*¿Sabía usted que...?*). Resumir y recordar ciertos aspectos importantes puede ser de gran ayuda (se hará en la sección *Recuerde*). Finalmente, en cada capítulo hay una *autoevaluación*, para comprobar si se han entendido adecuadamente las ideas más importantes.

NORMAS GENERALES

INTRODUCCIÓN

Los *primeros auxilios* son los cuidados inmediatos, adecuados y provisionales prestados a las personas accidentadas o con enfermedad antes de ser atendidos en un centro asistencial. No son un tratamiento médico. Son un conjunto de decisiones que deben tomarse con sentido común para mejorar las condiciones de una persona hasta que sea atendida por un médico.

Las posibilidades de supervivencia de una persona que necesita atención inmediata son mayores si ésta es adecuada y si el transporte es rápido y apropiado.

OBJETIVOS DE LOS PRIMEROS AUXILIOS

- Conservar la vida.
- Evitar complicaciones físicas y psicológicas.
- Ayudar a la recuperación.
- Asegurar el traslado de los accidentados a un centro asistencial.

NORMAS GENERALES PARA PRESTAR PRIMEROS AUXILIOS

Ante una persona que requiere la atención de primeros auxilios se deben recordar las siguientes normas:

- *Actuar si se tiene la seguridad de lo que se va ha hacer.* Si existen dudas es preferible no hacer nada porque es probable que el auxilio prestado no sea adecuado y que contribuya a agravar al lesionado.

- Conservar la *tranquilidad* para actuar con serenidad y rapidez. Esto da confianza al lesionado y a sus acompañantes. Además contribuye a la ejecución correcta y oportuna de las técnicas y procedimientos necesarios para prestar un primer auxilio. De la actitud del socorrista depende, en gran parte, la vida de los heridos. Debe evitarse el pánico.

- Si es preciso, organice un cordón humano con las personas no accidentadas. Esto no sólo facilita su acción, sino que permite que los accidentados tengan suficiente aire. Pregunte a las personas presentes quiénes tienen conocimientos de primeros auxilios para optimizar el auxilio.

- *No se debe retirar del lado de la víctima,* a no ser que sea imprescindible. Si se encuentra solo, solicite la ayuda necesaria (elementos, transporte, etcétera).
- Hacer una *valoración del lugar.*
- Registre la hora en que se produjo el suceso.
- Inspeccione el lugar: determine posibles peligros en el lugar y ubique a la víctima (o víctimas) en un sitio seguro.
- Realice una identificación completa de la víctima (o víctimas) y de sus acompañantes.
- Establezca una orden de prioridades de actuación. Preste atención inmediata en el siguiente orden, a los que:
  - –No presenten señales de vida (muerte aparente).
  - –Sangran abundantemente.
  - –Presenten quemaduras graves.
  - –Presentan síntomas de fracturas.
  - –Tienen heridas leves.
- Hacer la valoración de la víctima (o víctimas):
  - –Efectúe una *exploración* detenida, debido a que se pueden descubrir lesiones distintas a las que motivaron la atención y que no pueden ser manifestadas por el enfermo o sus acompañantes (por ejemplo, una persona quemada que simultáneamente presenta fracturas y no se les presta suficiente atención a las fracturas por ser más visible la quemadura).
  - –Evite movimientos innecesarios: no trate de vestirlo y evite el saqueo hasta donde sea posible.
  - –Una vez prestados los primeros auxilios, si es necesario, traslade al lesionado al centro de salud u hospital más cercano.

DECÁLOGO PROHIBIDO

- No meter las manos si no se sabe.
- No tocar las heridas con las manos, boca o cualquier otro material sin esterilizar. Usar gasa siempre que sea posible. No soplar nunca sobre una herida.
- No lavar heridas profundas ni heridas por fracturas expuestas. Únicamente cubrirlas con apósitos estériles.
- No limpiar la herida hacia adentro: movimientos hacia afuera.

- No colocar algodón absorbente ni tela adhesiva directamente sobre heridas o quemaduras.
- No tocar los coágulos de sangre ni desprender con violencia las gasas (o ropa) que cubren las heridas.
- No coser una herida. Es asunto de un médico.
- No aplicar vendajes húmedos, demasiado flojos ni demasiados apretados.
- No administre medicamentos, excepto analgésicos, si es necesario.
- No dé líquidos por vía oral a personas con alteraciones de la conciencia.

SITUACIONES EN LA QUE INDEFECTIBLEMENTE DEBE LLAMAR AL MÉDICO

- En cualquier caso si hay duda de llamar: evitar la temeridad.
- Si hay pérdida de conciencia o en un traumatismo craneoencefálico importante sin pérdida de conocimiento.
- Cuando la hemorragia es copiosa o es lenta pero dura más de cuatro a diez minutos.
- En el caso de que un cuerpo extraño en una herida no se desprenda fácilmente con el lavado.
- Si la herida es: puntiforme y profunda (puede dañar estructuras internas), ancha y larga (posiblemente necesita ser suturada), si es en la cara o partes fácilmente visibles (se vería fea una cicatriz).
- Si la herida es tal, que no puede limpiarse completamente, ha sido contaminada con polvo, tierra, etcétera o es de mordedura (animal o humana).
- Al primer signo de infección (dolor, enrojecimiento, hinchazón, sensación de pulsación).
- Cualquier lesión en los ojos.
- Si se han cortado tendones o nervios (particularmente en heridas de la mano).
- En caso de fracturas o torcedura articular con intenso dolor o inflamación.

RECUERDE

- Compórtese tranquilo y sereno.
- Ante cualquier duda o en cualquier situación que precise valoración sanitaria, llame pronto a un médico o a una ambulancia.
- Debe llevar los teléfonos de emergencia.
- Siempre deberá darle prioridad a las lesiones que pongan en peligro la vida.
- Coloque al paciente en la posición adecuada (se verá más adelante), manténgalo abrigado y no lo levante a menos que sea estrictamente necesario.
- No haga más de lo que sea necesario, hasta que llegue la ayuda profesional.

SABÍA USTED QUE...

- Cuando en las películas del Oeste le daban licor a un accidentado (para curarle una herida de flecha o de bala), lo hacían porque no había anestesia y así aplacaban el dolor de la víctima. Hoy día, las intervenciones se realizan en centros sanitarios donde hay anestesia. En ningún caso debe darse licor al accidentado (ni poner alcohol puro en ninguna parte del cuerpo). Tampoco debe darse café ni permitir que el herido fume.
- En ocasiones el accidentado oye y entiende las conversaciones aunque aparentemente no sea así. No haga comentarios sobre el estado de salud del lesionado, especialmente si se encuentra aparentemente inconsciente (no puede pedir explicaciones).

CUESTIONARIO

1. Si un familiar suyo se hiere con un cuchillo y descubre que tiene un corte en la mano profundo y aparentemente limpio, lo correcto será...
  a) Cuando se corte el sangrado, intentar suturar con hilo para evitar que sangre hasta que le vea un médico.
  b) Presionar con una gasa hasta que se corte el sangrado y llevarle después a un centro sanitario, donde valorarán si es preciso suturar.
  c) Apoyar la mano en una superficie blanda y vendarla.
  d) Tirar el cuchillo a la basura.

2. Si un herido de un accidente de tráfico tumbado en el suelo le solicita algo de beber:
  a) Le suministraré el agua que me pida.
  b) Poca cantidad de una bebida alcohólica de alta graduación (ginebra, coñac...) aplacará el dolor y además puede tranquilizarle.
  c) No lo daré de beber, le empaparé los labios con una gasa mojada.
  d) Prepararé una solución que contenga: el zumo de dos limones, sal, bicarbonato y azúcar (líquido hipertónico). Después se la daré prudentemente, en función de su estado de conciencia.

3. La mejor manera de limpiar una herida leve es:
  a) De dentro hacia fuera y posteriormente de fuera hacia dentro, para que sea más eficaz la cura.
  b) Realizar movimientos zigzagueantes en la herida (raspando con intensidad) para arrastrar la suciedad.
  c) Aplicar pequeños toques con algodón mojado de povidona yodada u otro antiséptico.
  d) Curar de dentro hacia fuera, para arrastrar así la suciedad y evitar infecciones o una curación más lenta.

4. Si una herida que ha sangrado abundantemente tras un apuñalamiento tiene un coágulo de sangre fresco cubriéndola, lo mejor que se puede hacer es:
  a) No tocar el coágulo y esperar a que lleguen los servicios sanitarios (sirve para controlar el sangrado).
  b) Lo mejor es quitar el coágulo y presionar con una gasa limpia.
  c) Ventilar con un elemento rígido la zona para que se seque pronto el coágulo con el aire.
  d) Aplicar agua fresca, que favorece la coagulación.

ANATOMÍA Y FUNCIÓN DEL CUERPO HUMANO

INTRODUCCIÓN

Tener un conocimiento básico de anatomía humana es importante para poder valorar a la víctima, identificar el problema y ejercer el primer auxilio.

GENERALIDADES

Los tejidos son conjuntos de células, que agrupados forman órganos (el estómago, cerebro...). Varios órganos se unen para formar un sistema o aparato (el aparato respiratorio, sistema nervioso...), que tendrán una tarea común.

ÓRGANOS DE LOS SENTIDOS

Son cinco (el refranero castellano dice que hay un sexto sentido, el sentido común, de suma importancia en los primeros auxilios). Nos ponen en contacto con el mundo exterior, informándonos de aquello que sucede. Todos están en la cabeza (incluido el sentido común), salvo el tacto, situado por todo el cuerpo.

- *Gusto*: Lo ejerce la lengua a través de los sabores.
- *Tacto*: Desde la piel (barrera formada por epidermis, dermis e hipodermis), los nervios llevan al cerebro información sobre aquello que tocamos.
- *Vista*: Los ojos.
- *Oído*: A través del pabellón auricular (oreja) el sonido se transmite hacia el oído medio, interno y después al sistema nervioso.
- *Olor*: La nariz recoge directamente con un nervio las sensaciones olorosas que percibe, de nuevo para transmitirlas al cerebro.

SISTEMA MÚSCULO-ESQUELÉTICO

Este sistema está formado por los huesos, tendones, ligamentos y músculos. Sirve de sostén para el cuerpo y por supuesto para realizar cualquier actividad es imprescindible su acción.

● Los huesos son la estructura en la que se apoyan todos los órganos: el esqueleto da resistencia y estabilidad al cuerpo y es una estructura de apoyo para que los músculos trabajen y produzcan el movimiento. También sirven de escudo para proteger los órganos internos.

● Los músculos están compuestos por fibras que tienen la propiedad de contraerse y ejercer la fuerza para realizar los actos. Acaban en unas estructuras alargadas, los tendones (cordones resistentes que insertan cada extremo del músculo al hueso).

● Las articulaciones son el punto de unión de uno o más huesos. Su configuración determina el grado y dirección del posible movimiento. Los componentes de una articulación trabajan conjuntamente para facilitar un movimiento equilibrado y que no cause daño. Algunas articulaciones no tienen movimiento, como las suturas que se encuentran entre los huesos planos del cráneo. Otras, sin embargo, permiten un cierto grado de movilidad. Es el caso de la articulación del hombro, una junta articulada esférica que permite la rotación interna y externa del brazo y los movimientos hacia adelante, hacia atrás y hacia los lados o el de las articulaciones de tipo bisagra de los codos, dedos de las manos y los pies, que permiten sólo doblar y estirar.

● Los ligamentos rodean las articulaciones y conectan los huesos entre sí. Contribuyen a reforzar y estabilizar las articulaciones, permitiendo los movimientos sólo en ciertas direcciones.

● Otros componentes de las articulaciones sirven de estabilizadores y disminuyen el riesgo de lesiones que puedan resultar del uso constante. Los extremos óseos de la articulación están cubiertos por cartílago, un tejido liso, resistente y protector que amortigua y disminuye la fricción. Las articulaciones también están provistas de un revestimiento (membrana sinovial) que, a su vez, forma la cápsula articular. Las células del tejido sinovial producen un líquido lubricante (líquido sinovial) que llena la cápsula, contribuyendo así a disminuir la fricción y a facilitar el movimiento.

● *Huesos* (en su conjunto esqueleto): Los huesos tienen dos formas principales, plana (como los huesos planos del cráneo y las vértebras) y alargada (como el fémur y los huesos del brazo).

● *Cráneo*: Lo forman huesos de distintos tamaños unidos rígidamente.

● *Tórax*: Hay dos referencias longitudinales, por delante el esternón y por detrás la columna vertebral. Desde la columna vertebral salen las costillas (doce en cada lado) hasta insertarse en el esternón (salvo algunas que no llegan, son las costillas flotantes). La clavícula une la parte más alta del esternón con el hombro. En la parte alta de la espalda, a los lados, se sitúa el omóplato o escápula.

- La *columna vertebral* está formada por 32 vértebras, huesos compactos rectangulares. Existen (de arriba abajo):
    - −12 vértebras cervicales. Llegan hasta la base del cráneo.
    - −12 vértebras torácicas /dorsales. Están en el centro de la espalda.
    - −5 vértebras lumbares. En la región posterior del abdomen.

- *Cintura pelviana:* Bajo la columna vertebral está el sacro, desde donde sale hacia delante (a modo de cinturón) el coxal, formado por el ileon, isquion y pubis.

- *Miembros superiores:* Desde el hombro al codo se sitúa el húmero y bajo el codo el cúbito y radio. La mano está formada por carpo-metacarpo (palma) y falanges (dedos).

- *Miembros inferiores:* El fémur comienza en la cadera y llega a la rodilla donde está situado por delante la rótula. De la rodilla salen la tibia y el peroné hasta el pie. El pie lo forman el tarso, metatarso y las falanges (dedos).

SISTEMA CIRCULATORIO

El sistema circulatorio es una red de conductos que circulan por todo el cuerpo para transportar la sangre, líquido responsable de alimentar las células. La sangre está formada por el plasma y las células sanguíneas: eritrocitos o hematíes (glóbulos rojos), leucocitos (glóbulos blancos) y plaquetas.

- *Corazón*: Es la bomba que impulsa la sangre a todos los órganos. Tiene cuatro cavidades, dos aurículas y dos ventrículos.

- *Arterias*: Llevan la sangre desde el corazón a los órganos. Como reciben el impulso del corazón, la sangre que transportan lleva mucha fuerza, por lo que si se rompen, sangran con intensidad.

- *Venas*: Recogen la sangre de los órganos (una vez que han alimentado a las células) y la llevan al corazón.

- *Capilares*: Comunican arterias y venas. Sirven para el intercambio de sustancias entre la sangre y las células del cuerpo.

APARATO RESPIRATORIO

El oxígeno es imprescindible para que las células de todo el organismo puedan vivir. Con la respiración introducimos el aire (inspiración) de alto contenido en oxígeno y eliminamos CO_2 (espiración).

El camino que sigue el aire es: fosas nasales (o boca), faringe, laringe, tráquea, bronquios y pulmones.

En los pulmones la sangre intercambia oxígeno por CO_2, de manera que la sangre es oxigenada, es decir, se llena de oxígeno para llevarlo a las células.

APARATO DIGESTIVO

Su función es realizar el aporte de nutrientes a las células y eliminar los residuos. Los alimentos los introducimos por la boca, continúan por el esófago y así llegan al estómago. En el intestino delgado los alimentos se absorben, pasando a la sangre. Aquello que no es absorbido, pasa al intestino grueso y se expulsa por el ano.

En al abdomen hay además otros órganos con distintas funciones, muchas imprescindibles para la vida: hígado, páncreas, vesícula biliar, bazo y el sistema urinario.

SISTEMA URINARIO

Sirve para depurar la sangre de residuos, que son expulsados por la orina.

La sangre llega a los riñones, donde se filtra (de forma parecida a como funciona un colador) y forma la orina, que pasa a los uréteres primero y después a la vejiga urinaria, donde se acumula hasta que se expulsa por la uretra.

SISTEMA NERVIOSO

Es el responsable de percibir todo lo que sucede, tanto en el exterior como en el propio cuerpo, procesar la información que se ha recibido y elaborar una respuesta.

Hay un sistema nervioso periférico (los nervios), que transporta la información, y un sistema nervioso central (el cerebro y la médula espinal), que procesa la información para dar la respuesta.

Este proceso puede ser muy variado, es decir, desde sentir dolor al quemarse y por tanto retirar la mano, hasta responder a la pregunta de un examen.

RECUERDE

- Los órganos vitales son aquellos que por su función son imprescindibles para la vida: corazón, pulmones, una arteria que transporta mucha sangre (como la arteria aorta, que sale del corazón
y es la más grande del cuerpo humano) o el sistema nervioso
central. Una lesión en ellos puede causar la muerte o graves consecuencias, por lo que cuando se sospeche que está dañado alguno
de ellos, deben realizarse con rapidez y prudencia los primeros
auxilios y por supuesto llamar a un médico.
- Hay otros órganos que también son vitales, porque es necesaria su función para la vida, pero el cese de dicha función no
lleva tan rápidamente a la muerte. Muchos de estos órganos
están situados en el abdomen, como el hígado o los riñones.
Por tanto, si sospecha una lesión dentro del abdomen (por un
fuerte traumatismo, una herida de arma blanca...), no dude
en llamar a un médico.
- La lesión de otros órganos (piel, articulaciones...) o partes del
cuerpo que no son vitales, puede también suponer una urgencia. Bien porque cause intenso dolor (una picadura), porque
le impida al individuo realizar su actividad con normalidad
(un esguince) o por otros motivos, deben de aplicarse también sin falta los primeros auxilios.

SABÍA USTED QUE...

- El hueso más grande del cuerpo humano es el húmero, que en
individuos muy altos puede llegar a medir casi un metro. Por el
contrario, los huesos más pequeños no se ven. Están situados en
la región interna del oído, reciben el nombre de: yunque, mar-
tillo y estribo (por el parecido que tienen con dichos aparejos).
- Hay partes del cuerpo de las que todavía no se ha conseguido
descubrir qué función realizan. Por ejemplo el apéndice, que
causa una grave enfermedad cuando se inflama (apendicitis).

CUESTIONARIO

1. **Si de una herida observa salir sangre a borbotones (a impulsos) con intensidad se tratará de...**
   a) Una vena, ya que son más anchas y acumulan más sangre.
   b) Una arteria, que llevan sangre procedente del corazón y por tanto con más fuerza.
   c) Un capilar, que al ser más finos sale más rápidamente la sangre.
   d) Da igual de qué vaso se trate. Lo importante es la edad de la persona, ya que en jóvenes la sangre sale más vivamente.

2. **Ante un fuerte traumatismo en el abdomen en el que no se observa sangrado pero la persona aqueja un intenso y continuo dolor, lo mejor será:**
   a) Dar un analgésico y esperar a que mejore. Si esto no sucede, llamar a un médico.
   b) Trasladar lo más rápidamente al enfermo a un centro sanitario.
   c) Palpar con cuidado el abdomen. Si duele intensamente en la zona bajo las costillas, llamar a una ambulancia, ya que puede estar roto algún órgano interno.
   d) Poner al enfermo boca abajo y con la cabeza hacia la derecha para que repose el abdomen.

3. **Los tendones son:**
   a) Cordones fuertes que sirven para insertar los músculos a los huesos.
   b) Estructuras blandas situadas a los lados de la rodilla para que la articulación sea más estable.
   c) Cartílagos alargados que ayudan al músculo en sus funciones.
   d) Son ligamentos que se desarrollan mucho en los deportistas. Al hacerse duros corren más riesgo de romperse.

4. **El intercambio de oxígeno por CO_2 se produce en:**
   a) El corazón, donde se mezcla la sangre venosa y arterial.
   b) En la tráquea.
   c) En la laringe.
   d) En los pulmones. Allí llega el aire inspirado rico en oxígeno y se intercambia por CO_2, que lo trae la sangre tras su paso por el cuerpo (tras haber oxigenado las células).

EL BOTIQUÍN

INTRODUCCIÓN

Un botiquín es el conjunto instrumentos, curas o medicamentos que es necesario para socorrer las urgencias más frecuentes. Tiene que estar suficientemente preparado para atender cualquier accidente o síntoma menor que pueda aparecer repentinamente. Es imprescindible en todas las casas y viajes, aunque es distinto el que debe elaborarse en cada caso, como también es distinto según qué viaje se realiza.

Como ayuda o complemento de los componentes principales, que ya señalaremos, se puede incluir en el botiquín un libro de primeros auxilios y algunos teléfonos de urgencias, como por ejemplo el número del servicio de información toxicológica o el de las ambulancias.

OJO CON LA CADUCIDAD

Es muy importante que el botiquín esté siempre actualizado y que no contenga medicamentos ya caducados. Para ello es importante deshacerse del resto de medicamentos que no se hayan utilizado una vez finalizado un tratamiento. Así evitaremos su uso equivocado por nosotros mismos o por otros miembros de la casa.

Es imprescindible además guardar los medicamentos en sus estuches originales para consultar el prospecto con las indicaciones, contraindicaciones o efectos secundarios y asegurarnos de su caducidad.

EL BOTIQUÍN CASERO

En la mayoría de los hogares hay un botiquín dispuesto a facilitar los primeros auxilios en casa. No siempre contiene lo más prioritario y a menudo guardamos medicamentos cuyo uso hemos olvidado y envases ya caducados. Tener un buen botiquín casero no es solamente útil, es imprescindible.

Dónde colocarlo

El espacio idóneo donde deben ser guardados los materiales del botiquín debe ser siempre un lugar seco, fresco y preservado de la luz. Puede servirnos una caja o un armario y, lo más importante, situado fuera del alcance de los niños. Este es el modo más seguro de evitar la mayoría de accidentes de intoxicación por medicamentos en la población infantil.

Se aconseja que el botiquín sea guardado bajo llave, aunque podría necesitarse en un momento en el que, quien posee la llave o conoce su localización, no se encuentre en casa. Cada familia tendrá su propio criterio, guardarlo bajo llave y dejar ésta a mano o no cerrarlo.

La cocina y el baño suelen ser los lugares donde con más frecuencia se encuentra el conjunto de medicamentos y materiales de cura por la comodidad que esta ubicación supone. Sin embargo, no son éstos los espacios más recomendables, ya que en ambos se producen variaciones de temperatura y concentraciones de humedad que pueden alterar las características de los medicamentos, así como su composición y caducidad. El dormitorio principal es un buen lugar para colocarlo.

Criterios de elaboración

Cada familia posee sus propias tendencias a sufrir ciertos padecimientos (diarreas o cefaleas, por ejemplo). Cada familia debe sopesar las necesidades de su hogar y reforzar algunos de los apartados considerados más relevantes.

A la hora de fabricarnos nuestro propio botiquín tendremos que tener en cuenta el lugar donde vivimos. Hacerlo en una ciudad, donde la posibilidad de encontrar farmacias y médicos cercanos es bastante alta, o vivir en un pueblo donde estos servicios se presentan de manera más limitada, influye decisivamente. Como pautas de referencia, detallamos a continuación los componentes principales del botiquín casero.

Primeras curas

- En una herida, lo principal es comenzar lavando la herida con agua y jabón, así se evitarán muchas infecciones. Se debe continuar con la aplicación de un antiséptico. Se pueden encontrar en el mercado gran diversidad de antisépticos: povidona yodada, agua oxigenada, alcohol de 70°, tintura de yodo, mercurocromo o el gluconato de clorhexidina. Lo conveniente es realizar la desinfección con una *gasa estéril o con algodón hidrófilo* en su defecto.

- En pequeñas heridas nos serán siempre de gran utilidad *las tiritas y el algodón*.

- Si la herida es profunda será a veces considerable aplicar alguna *pomada antiséptica y cicatrizante* para favorecer su curación. Es conveniente disponer además de *esparadrapo, vendas y gasa hidrófila estéril* para las heridas o quemaduras de mayores dimensiones.

● Los golpes y las torceduras de algunas articulaciones son accidentes frecuentes que conllevan molestas y dolorosas inflamaciones. Para aliviar los síntomas pueden usarse *antiinflamatorios tópicos* en gel, spray, pomada o aerosol.

● Si en nuestro ojo se alojan cuerpos extraños, se recomienda limpiarlo con alguna *solución oftalmológica* (aconsejada por el farmacéutico). Podemos utilizar agua en su defecto.

Instrumentos prácticos

● El *termómetro* no debe faltar en ningún hogar, sobre todo si hay niños pequeños.

● Es importante también poseer unas *pinzas de punta fina* para la extracción de cuerpos extraños. Se deben desinfectar antes de usarlas.

● Es aconsejable tener unas *tijeras* reservadas exclusivamente para uso del botiquín y una jeringa desechable.

Analgésicos

● Es conveniente tener algún *medicamento con paracetamol o con ácido acetilsalicílico* para tratar los dolores leves, las infecciones respiratorias leves (constipados, gripes...) o la fiebre.

El paracetamol es un excelente analgésico recomendado contra el dolor leve o moderado.

El ácido acetilsalicílico y todos sus derivados tienen mayor acción antiinflamatoria.

Es importante realizar su ingestión durante las comidas y beber abundante líquido para evitar efectos secundarios gástricos.

● Este tipo de medicamentos puede obtenerse sin receta médica. Para cualquier consulta sobre su uso debe consultar a su farmacéutico.

Molestias en el aparato digestivo

● Las molestias con la digestión son bastante comunes. Para tratar la *acidez gástrica* son recomendables medicamentos que contengan sales de aluminio y magnesio.

● No se debe abusar del bicarbonato sódico, ya que puede producir efectos secundarios indeseables.

EL BOTIQUÍN DE VIAJE

Cuando el período de vacaciones se acerca (o un largo viaje), al equipaje convencional hay que añadir un último e importante elemento, un buen botiquín de viaje. Debe estar pensado para ayudar en las situaciones que precisan un socorro o unos primeros auxilios en el lugar de destino o durante el trayecto. Un buen disfrute de las vacaciones depende fundamentalmente de nuestro estado de salud. Prevenir es la mejor terapia, no dejemos que una dolencia tratable con poco esfuerzo nos amargue el viaje.

Si importante es mantener siempre a punto el botiquín casero, tanto o más lo es el poseer un buen botiquín de viaje. En su elaboración influyen diferentes aspectos tales como el destino del desplazamiento, el medio de transporte utilizado y las características personales de los que viajen. Pero al igual que en el botiquín casero hay ciertas normas básicas que se deben seguir para su correcta utilización: es muy importante guardar el botiquín fuera del alcance de los niños, en lugares preservados del calor, la luz y la humedad, es decir, frescos y secos. Los medicamentos deben ser guardados en sus envases originales, lo que facilita el acceso al prospecto y a su fecha de caducidad. La revisión de los medicamentos es obligada.

Destino del viaje

El entorno donde vamos a pasar nuestras vacaciones es definitorio en la elaboración del botiquín de viaje. Puede tratarse de una ciudad, donde normalmente hay farmacias a poca distancia y se puede acceder a un médico sin dificultad, o un pequeño pueblo donde el servicio suele ser más limitado, o quizá un país extraño donde las barreras culturales e idiomáticas pueden multiplicar las dificultades para hacerse de algún medicamento.

PAÍSES TROPICALES

Antes de iniciar un viaje de esas características es muy importante informarse debidamente en algún centro de vacunación internacional y tomar las medidas oportunas para no correr el riesgo de adquirir las enfermedades propias del lugar de viaje. El *Centro de Vacunación Internacional de Madrid* se encuentra situado en la calle Francisco Silvela número 57. El horario de atención al público es de 9:00 a 14:00 horas de lunes a viernes. En este centro se informa sobre las vacunas que son necesarias para entrar en cualquier país. Los números de teléfono de vacunación internacional son: 91 402 16 63 y 91 401 68 39.

Los *restantes centros de vacunación internacional,* instalados en las demás provincias españolas aparecen, con dirección y teléfono, en la dirección de Internet: <http://www.msc.es/salud/exterior>.

El viajero debe añadir además a su botiquín ciertos productos para intentar prevenir las deficiencias sanitarias de muchos destinos.

VIAJES DE AVENTURA

Estos desplazamientos conllevan un riesgo añadido que obliga al viajero a incluir unos productos al botiquín convencional. La Comisión Internacional de Socorro Alpino, CISA, publicó en 1993 una propuesta de botiquín para los viajes de aventura, que incluye: antitérmicos analgésicos, medicamentos para paliar el dolor de garganta y estómago, antimareos, antidiarreicos, descongestivos nasales, desinfectantes dermatológicos y todo lo que se considera material de cura (vendas de gasa, esparadrapo, tiritas, tiras de sutura y antisépticos).

Si el viaje se realiza a una zona con riesgos conocidos (como determinadas infecciones), puede ser aconsejable añadir anestésicos locales, antiparasitarios externos, antiamebianos, antihelmínticos o hemostáticos.

Normas generales para el botiquín básico de viaje

- La base del botiquín de viaje debe de ser la misma que la del botiquín doméstico, con la salvedad de que se debe ser más selectivo (en un viaje no podemos llevarnos todo): material para las primeras curas u otros instrumentos útiles, *analgésicos* o *medicamentos para molestias digestivas.*

- *Protección solar*: Si nuestras vacaciones las disfrutamos en verano, el riesgo de sufrir quemaduras por una excesiva exposición solar será elevado. Para que esto no suceda, lo mejor, por supuesto de además de ser prudente, es preservar nuestra piel de las radiaciones solares con una buena crema de protección solar. El factor de protección solar nos informa aproximadamente de cuánto tiempo podemos exponernos a las radiaciones sin que éstas supongan un peligro para nuestra salud cutánea. Si este consejo llega demasiado tarde, siempre podremos recurrir a productos para después del sol. Calman el dolor con su acción refrescante, reducen el eritema y con su acción hidratante devuelven a nuestra piel el agua perdida.

- Los *mareos*, especialmente si viajamos en automóvil, son habituales durante los desplazamientos. Nunca está de mas incluir algún medicamento antimareo / antiemético en nuestro botiquín. Lo mejor es consultar al farmacéutico, quien nos informará de las propiedades del medicamento así como de sus efectos secundarios, de gran importancia si se trata de somnolencia o trastornos visuales (pueden afectar directamente a la conducción).

- En el período estival no puede faltar en nuestro botiquín un *repelente de insectos.* Se elegirá uno en función de la preferencia del viajero; los hay en barra, leche, aerosol o loción. Habrá que tener en cuenta también la hipersensibilidad de nuestra piel a alguno de estos productos. Si el insecto ya ha picado y se ha producido la irritación cutánea, es recomendable disponer de corticoides o antihistamínicos en forma tópica. Son también recomendables los medicamentos que contengan mentol, amoniaco, benzocaína, crotamitón…

RECUERDE

- A la hora de elaborar un botiquín, se debe realizar un orden de prioridades de acuerdo con una base formada por el *material para las primeras curas* u otros instrumentos útiles, *analgésicos y medicamentos para molestias digestivas.* No nos podemos olvidar de las *necesidades personales,* ya que es posible que en nuestra casa o grupo de viaje haya alguien con una molestia habitual o que padezca una enfermedad que precise medicación específica: nuestro botiquín debe contener los medicamentos adecuados para estos casos ya conocidos. El resto del botiquín lo completarán aquellos elementos que sean necesarios en *función del lugar donde se esté o del viaje* que se realice.
- La presencia de los niños, tanto en casa como de viaje, influye necesariamente en la elaboración del botiquín. Si todavía son bebés no podemos olvidar llevar varios chupetes, tetinas y productos esterilizantes de biberones, así como protectores solares pediátricos y los productos típicos para el tratamiento de afecciones dermatológicas frecuentes en los bebés.

SABÍA USTED QUE...

- Se calcula que unas 300.000 personas sufren cada año en España accidentes domésticos. Estos accidentes se producen sin previo aviso y a menudo tenemos que practicar una primera asistencia al accidentado antes de que contemos con la ayuda de un profesional. Para que esto no nos coja desprevenidos tenemos que esforzarnos en poseer un botiquín dotado con todo lo necesario.

- El resfriado es la enfermedad más común que afecta a los españoles a lo largo del año. Por ello es conveniente incluir algunos productos que puedan ayudarnos a soportar sus síntomas de la forma más cómoda. La automedicación en este caso es frecuente. Se debe evitar caer en ella y se ha de consultar al médico sobre el uso de analgésicos o expectorantes.

- ¿Porqué se producen tantas molestias en los ojos en las personas asiduas a las piscinas durante el verano? Se trata de la conjuntivitis o inflamación de la conjuntiva (una de las capas externas del ojo). En verano, el uso de piscinas comunitarias, la mayor exposición a las radiaciones solares y el agua del mar, hacen aumentar la aparición de la conjuntivitis. Sus síntomas son enrojecimiento ocular, lagrimeo, ardor, secreciones y fotofobia (mayor sensibilidad a la luz). La conjuntivitis infecciosa es la más frecuente. Los focos de infección pueden ser, además del agua de las piscinas, las toallas, los pañuelos, el maquillaje o las manos sucias llevadas a los ojos. Si la conjuntivitis es leve, se trata fácilmente con colirios que nuestro oftalmólogo o farmacéutico nos recomendará. Son también aconsejables los lavados con baños oculares o el uso de soluciones oftalmológicas. Estos tratamientos pueden usarse de forma preventiva.

- Cuando salimos de viaje se suelen producir trastornos en nuestra *dieta o cambios de agua* que influyen en nuestro aparato digestivo (estreñimiento, dolor abdominal, diarrea...). A veces simplemente modificar nuestro modo de alimentación puede servir para volver a la normalidad. Si no es así de debe consultar con un médico.

CUESTIONARIO

1. El botiquín básico debe contener:
   a) Un buen número de antibióticos, ya que las infecciones se pueden tratar sin consultar al médico.
   b) Alcohol puro de 90°, ya que es el mejor desinfectante.
   c) Cinta aislante para fijar los vendajes.
   d) Analgésicos tipo paracetamol o ácido acetilsalicílico para los dolores leves, antiácidos para las malas digestiones, material de cura (vendas, esparadrapo, tiritas...) y otros instrumentos que sirvan de ayuda en los primeros auxilios. Además hay que tener en cuenta las necesidades concretas de las personas del hogar o viaje.

2. El lugar adecuado para colocar el botiquín es:
   a) Cerca de la entrada de la casa.
   b) En la cocina o en el baño, donde todos tienen acceso con facilidad.
   c) En un lugar que sólo conozcan personas responsables, como el dormitorio principal.
   d) Se excavará un túnel en el jardín (que se tapará con una placa metálica) y se esconderá en secreto.

3. Si realiza un viaje en verano a un lugar caluroso, no olvide llevar:
   a) Todo el botiquín que tenga en casa.
   b) Sólo los medicamentos que necesiten las personas enfermas.
   c) No lleve nada, compre todo en el destino para su mayor comodidad.
   d) Además del botiquín básico, no olvide llevar protector solar y crema para después del sol, repelentes para los insectos y las llaves de la casa.

4. Si quiere comprar un medicamento para el mareo en el coche:
   a) Busque en el vademécum y compre aquel que más le convenga.
   b) Compre el que caduque más tarde, para que lo pueda usar en otros viajes.
   c) Pida una cita con el neurólogo del hospital para tener un adecuado asesoramiento.
   d) Consulte con su farmacéutico o médico de familia, sobre todo respecto a sus efectos secundarios, como somnolencia, ya que pueden afectar a la conducción.

VALORACIÓN DEL ACCIDENTADO

INTRODUCCIÓN

El proceso de valoración consiste en recoger los datos del paciente que pueden ser de utilidad para facilitar la correcta actuación del auxiliador: valoración del estado de una persona y alcance de las lesiones, establecer un orden de prioridades y adoptar las medidas adecuadas. Esta valoración ha de ser sistemática y precisa. Entendemos dos formas complementarias y consecutivas de valoración: la primaria y la secundaria.

El orden general que debe mantenerse es:

- Valoración primaria: Reanimación (cuando existe parada cardiorrespiratoria o respiratoria); mantenimiento (tras la reanimación si se ha realizado o mantenimiento del accidentado directamente si no ha habido parada).
- Valoración secundaria.
- Tratamiento definitivo (sólo el médico).

VALORACIÓN PRIMARIA

En una situación de urgencia, a pesar de que la reacción instintiva de cualquier persona es emprender alguna acción, no se ha de caer en este error, pues la valoración primaria requiere pocos minutos y de su realización puede depender la vida del accidentado.

La valoración primaria se inicia con la primera impresión que el auxiliador tiene al ver al herido, que se forma a partir de lo que vemos y oímos. Lo primero y prioritario es determinar el estado de la conciencia de la víctima. Seguidamente se realiza la evaluación primaria propiamente dicha, que consiste en identificar problemas que amenazan la vida del individuo, resumidos en el ABC (del inglés vías aéreas, respiración y circulación sanguínea):

- *Airway:* Permeabilidad de las vías aéreas, necesaria para que el aire llegue a los pulmones.
- *Breathing:* Presencia de respiración espontánea.
- *Circulation:* Presencia de latido cardiaco y ausencia de grandes hemorragias.

Pasos a seguir en la evaluación primaria

EVALUACIÓN DE LA CONSCIENCIA

- Para evaluar la consciencia se preguntará a la víctima si nos escucha y cómo se encuentra, a la vez que le sacudimos ligeramente los hombros o se le pellizca en la cara. No sólo buscaremos que el paciente nos dé una respuesta verbal sino que podemos esperar cualquier movimiento de defensa del tipo de apertura o cierre de ojos, retirada de la cara o manos ante pellizcos, etcétera.

- Si la víctima responde, pasaremos a realizar la valoración secundaria.

- Si, por el contrario, no percibimos ninguna respuesta consideraremos a la víctima inconsciente: avisaremos a una ambulancia asistencial y / o a un facultativo y pasaremos a prepararnos para la evaluación de la respiración primero y el pulso después.

EVALUACIÓN DE LA VÍA AÉREA Y DE LA RESPIRACIÓN

- Nos colocaremos a la altura de los hombros, quitaremos la ropa que nos moleste del pecho de la víctima (cuidado con los objetos que pueden dañar a la víctima, como los sujetadores que tienen aros metálicos), aflojaremos corbata y cinturón, retiramos cadenas o collares y colocaremos a la víctima tumbada sobre un plano duro en decúbito supino (tumbada hacia arriba) con los brazos a lo largo del cuerpo.

- Primero observaremos si existe algún objeto que pueda estar obstruyendo la vía aérea, en la nariz, boca o faringe. *Si existe un objeto iniciaremos la reanimación (desobstrucción de la vía aérea),* tal como veremos en el capítulo correspondiente.

- Si no existe ningún objeto, evaluaremos a continuación la respiración acercando un lateral de nuestra cara a la boca y nariz de la víctima mientras que miramos su pecho y abdomen. Buscamos con esto *oír y / o sentir* en nuestra mejilla la entrada y salida del aire de la víctima, a la vez que nos permite ver y observar el movimiento respiratorio del tórax y abdomen. *Si no existe respiración, iniciaremos la reanimación,* tal como veremos en el capítulo correspondiente.

EVALUACIÓN DEL PULSO (CIRCULACIÓN)

- El pulso se localizará en cualquiera de las *arterias carótidas* situadas en el cuello a ambos lados de la nuez. Para ello utilizaremos 2 o 3 dedos (nunca el pulgar) de la mano y los llevaremos a cualquiera de los laterales de la tráquea (mejor el lado opuesto a nosotros) hasta la depresión existente entre ésta y el músculo externocleidomastoideo (el músculo situado a continuación de la tráquea), presionando levemente en dirección hacia la nuez. *Si no existe pulso, iniciaremos la reanimación,* tal como veremos en el capítulo correspondiente.

VALORACIÓN SECUNDARIA

Sólo después de realizar la valoración primaria y de las debidas actuaciones (comprobadas las constantes vitales, hecha la reanimación cardiopulmonar, apertura de vías, etcétera), si las hubo, se realiza la valoración secundaria.

Es la exploración detallada del paciente de la cabeza a los pies para determinar su estado. También exploraremos las constantes vitales con más detenimiento. La valoración se realiza por delante, por detrás y por ambos laterales. Para localizar las lesiones reevaluaremos y cuantificaremos su consciencia, respiración y pulso y realizaremos una exploración rápida y ordenada de todo su cuerpo en busca de sangre, deformidades (bultos o huecos), secreciones (sudor, heces, orina o vómitos), anormalidades en el color, temperatura y aspectos de la piel, etcétera. Si es posible, utilizaremos guantes al tocar a la víctima para evitar contagios de nosotros hacia ella o a la inversa, aunque su aspecto parezca saludable.

Durante este proceso se interrogará al enfermo, si es que está consciente, intentando obtener la mayor cantidad de información posible por si dejara de estarlo. Si la víctima puede colaborar, la preguntaremos por sus molestias, dolores, etcétera, detectando cualquier problema de orientación o memoria antes de la exploración. Mantendremos una ligera conversación informativa de las maniobras que vamos a hacer. No es conveniente informar de las lesiones sufridas para evitar choques emocionales. En esta entrevista tendremos en cuentan las características particulares de cada colectivo (niños, ancianos, discapacitados, sordos, mudos, extranjeros, etcétera).

Observar si existe derrame de líquidos inflamables, materias tóxicas o corrosivas en la ropa de la víctima, objetos cortantes o punzantes que puedan herirnos. Todo ello servirá para dar una asistencia eficaz.

Interrogatorio y exploración

Un error frecuente que se comete al iniciar el contacto con la víctima es evaluar y olvidarse de hablar a la víctima y preguntarle por sus lesiones. Si al acercarnos a ella nos presentamos, mantenemos un tono cordial y afable durante la evaluación, informando de lo que vamos a ir haciendo, conseguiremos no sólo colaboración por su parte, también le inspiraremos confianza.

No olvidar que existen personas que no pueden vernos, oírnos o hablarnos (ciegos, sordos, mudos, disminuidos, etcétera) o simplemente que no entienden nuestro idioma. En estos casos tratar de expresar lo necesario mediante gestos con las manos.

Al conocer el tipo de accidente sufrido podremos saber con aproximación qué clase de lesiones se han podido producir. Si se trata de un accidente de tráfico, preguntaremos a las víctimas conscientes sobre el número de acompañantes y sus nombres para conocer el estado de orientación o conmoción en que se encuentran. Si procede, buscaremos otros posibles accidentados en el interior del maletero, del vehículo o por los alrededores.

Para la exploración utilizaremos nuestras dos manos y a la vez observaremos visualmente la zona explorada. Las manos se moverán simultáneamente, a ambos lados del cuerpo, aprovechando la simetría de éste. Nos detendremos en las partes más complejas y ante una duda de lesión en alguna de las extremidades, podremos utilizar como modelo la otra.

- Se *anotarán*, y posteriormente se trasmitirán a los servicios sanitarios, los siguientes datos:
  - –Nombre y apellidos.
  - –Edad.
  - –Enfermedades que padezca o halla padecido.
  - –Medicación que toma habitualmente (por ejemplo, anticoagulantes, insulina...).
  - –Alergias a algún medicamento.
  - –Si lleva algún informe médico encima.
  - –Constantes vitales (pulso y respiración).
  - –Actuaciones de primeros auxilios realizadas y respuesta del paciente a ellas.
  - –Si existe hemorragia, la cantidad aproximada y el origen.
  - –Si se está realizando la reanimación cardiopulmonar, tiempo desde la parada y tiempo que se ha estado realizando la maniobra.
  - –Si existe intoxicación por fármacos o productos tóxicos, cuándo, qué cantidad y si hubo vómitos.

- Se han de buscar en la exploración e interrogatorio:
  - –Fracturas de miembros o de la columna vertebral
  - –Golpes recibidos en la cabeza, tórax, abdomen y / o espalda que puedan producir hemorragias internas.

–Lesiones, contusiones, quemaduras, dolor, etcétera.

–Localización del dolor.

–Hormigueos, «descargas eléctricas», pérdida de fuerza de los miembros...

Valoración de la gravedad

Un examen detenido del cuerpo nos permite conocer el estado de la víctima. Para poder determinar en qué situación se encuentra, debemos realizar una exploración ordenada y sistemática de:

- Nivel de consciencia (valora el estado del sistema nervioso central, sobre todo del cerebro): Se ha de preguntar con intensidad a la víctima cómo se encuentra y si está despierto. Si es así, se procederá al interrogatorio tal como se señaló en el apartado anterior.

- Respiración (valoración del sistema respiratorio):
    - –Frecuencia respiratoria: Se debe contar el número de respiraciones por minuto (r. p. m.). Lo normal es que sean menos de 16 las respiraciones en un minuto.
    - –Ritmo: Observar si la respiración es rítmica o arrítmica (mayor gravedad en el segundo caso).
    - –Profundidad: Profunda o superficial: cualquiera de las dos opciones puede indicar afectación respiratoria.

- Pulso (valora el sistema circulatorio):
    - –Frecuencia cardiaca: Se debe contar el número de pulsaciones o latidos por minuto (l. p. m.). Lo normal es que sean entre 60 y 100 las pulsaciones en un minuto. Por debajo de 60 l. p. m. sería bradicardia y por encima de 100 l. p. m. sería taquicardia. Cuando se produce un accidente, normalmente hay taquicardia, por los nervios, por la situación de estrés, por sangrado o por otras complicaciones.
    - –Ritmo: Observar si el pulso es rítmico o arrítmico (peor en el segundo caso).
    - –Amplitud del pulso: Lleno o débil. Si es débil indicará que la sangre llega con poca fuerza a las extremidades, como podría suceder en las hemorragias o si el corazón está dañado (signo de gravedad).

- Tensión arterial (valora también el sistema circulatorio: la fuerza con la que el corazón impulsa la sangre): La sistólica (máxima) es normal entre 140-100 mm/Hg y la diastólica (mínima) es normal entre 90-50 mm/Hg.

–Más de 140-90: Hipertensión: Es menos preocupante en una urgencia.

–Menos de 90-50: Hipotensión: Puede indicar que la sangre no llega bien a los órganos.

- Coloración de la piel.

–Rosada (normal).

–Azul: Falta de oxígeno, generalmente porque la respiración no es adecuada o porque el corazón no bombea bien la sangre.

–Palidez: Hay poca sangre en el sistema circulatorio (por hemorragia generalmente).

–Relleno capilar: Capacidad del sistema circulatorio para restaurar el riego en una zona. Si no es adecuado, indica baja perfusión del organismo (posible perdida de sangre o el corazón no está bombeando adecuadamente).

- Temperatura (puede indicar diferentes afectaciones graves, normalmente del cuerpo en general). Si no hay termómetro se tomará con el dorso de la mano.

–Más de 37º C: Hipertermia (Fiebre si es mayor de 38º): Golpe de calor, afectación del sistema nervioso central (cerebro), infección...

–36º-37º C: Normal.

–Menos de 35º C: Hipotermia: Congelación o shock (la sangre no llega bien a los órganos y no los calienta, bien por hemorragia, fallo del corazón...).

- Examen neurológico básico:

–Valorar continuamente el nivel de conciencia, por si existen cambios que pueden indicar un empeoramiento.

–Pupilas:

–Tamaño: Dilatadas (midriasis) o contraídas (miosis): Ambos casos son anormales y pueden indicar daño en el sistema nervioso central o consumo de sustancias de abuso. Si están dilatadas puede deberse a consumo de cocaína o anfetaminas y si están contraídas puede ser por consumo de alcohol u opiáceos (heroína).

–Simetría: Simétricas (isocoria) o asimétrica (anisocoria): Lo normal es la primera situación, mientras que la segunda puede indicar también daño en el sistema nervioso.

–Reactivas: Tras exponerlas a la luz, normalmente se contraen, es decir, son reactivas (es lo normal). Si no se contraen, bien porque queden dilatadas o contraídas serían arreactivas, que indicaría gravedad por afectación del sistema nervioso central.

–Sensibilidad: Tocando y pellizcando.

–Sistema motor: Observar el movimiento de las cuatro extremidades. Si alguna extremidad se mueve mal, no se mueve o ha perdido la sensibilidad se comunicará después a los servicios sanitarios.

- Reconocimiento desde la cabeza hasta los pies:

–Cabeza: Traumatismos y contusiones: fractura nasal, luxación del hueso maxilar, lesiones oculares... Observar el aspecto de la cara (color y expresión).

–Cuello: El eje cabeza-cuello-tronco ha de estar siempre inmóvil, para no causar problemas mayores, como puede ser un daño en la médula espinal. Se deben aflojar las prendas ajustadas.

–Tórax: Heridas, deformaciones, objetos clavados, movimientos respiratorios y puntos dolorosos.

–Abdomen: Heridas, deformidades, puntos dolorosos abdominales (generalmente, cuando hay hemorragia abdominal o alguna víscera rota el abdomen se endurece y el paciente no deja tocarse).

–Pelvis: Compresión débil hacia abajo y hacia dentro para descartar fractura de pelvis.

–Extremidades: Deformidades, heridas, contusiones y puntos dolorosos

---

RECUERDE

- Realizar la exploración del accidentado con cuidado, sin mover bruscamente a la víctima a no ser que sea imprescindible. A una persona inconsciente como consecuencia de un golpe (traumatismo) siempre se la supondrá y tratará como si tuviera lesión en la columna vertebral, tratando y movilizando el *eje cabeza-cuello-tronco* como un solo bloque.

- Buscar aquellos objetos que pueden servir para identificar a las víctimas (medallas, cartera, etcétera). Además de para contactar con la familia, pueden darnos información de gran valor sobre enfermedades, grupo sanguíneo, alergias...

- Tranquilizar a la víctima y decirle lo que estamos haciendo. Ello facilitará la operación relajando al paciente: «No mentir ni decirle toda la verdad».

SABÍA USTED QUE...

- La mayor parte de las paradas cardiorrespiratorias repentinas, se producen por arritmias cardíacas que sólo responden a choques de corriente eléctrica. Éstos se aplican con un aparato, el desfibrilador, que sólo puede manejar un médico. Por eso, es importantísimo llamar a un médico lo antes posible ante una parada cadiorespiratoria, como también lo es realizar adecuadamente la reanimación básica para poder mantener la vida hasta que lleguen los servicios sanitarios.

- Si al realizar la valoración secundaria de un traumatismo percibe sangrado por un oído, puede deberse a una fractura en los huesos de la base del cráneo. Coloque al enfermo de lado, cerca del suelo el oído que sangra y con una toalla u otra prenda entre la cabeza y el suelo. El sangrado por la nariz puede indicar lo mismo, pero lo más normal es que sea por un golpe externo.

- Cuando los médicos valoran a un accidentado, una de sus primeras actuaciones es la auscultación cardiopulmonar. Ésta consiste en amplificar el sonido que emiten el corazón y el pulmón con un útil instrumento, el fonendoscopio. Resulta de gran importancia ante un caso urgente, ya que puede ayudar al diagnóstico de complicaciones como el neumotórax (aire alrededor del pulmón), hemotórax (sangre alrededor del pulmón) o arritmias cardíacas graves. Además, con el fonendoscopio se puede auscultar el abdomen o tomar la tensión arterial.

CUESTIONARIO

1. Ante una persona accidentada e inconsciente pero que mantiene la respiración y el pulso, si cuando acercamos una linterna a los ojos las pupilas no se mueven, es signo de que:

    a) Está durmiendo. Debemos despertarle con sacudidas en el tórax.

    b) El sistema nervioso central está severamente afectado. Es prioritario que acuda al lugar ayuda especializada.

    c) Es una buena señal, ya que si se dilatan significa que se ha producido una hemorragia cerebral.

    d) Es buena señal, ya que si se contraen significa que se ha producido un derrame dentro de los ojos.

2. El ABC de la valoración quiere decir:

    a) A: Antes de nada, avisar a un médico; B: Boca a boca; C: Cerrar las heridas que sangran.

    b) A: Aire (mirar si el aire entra por las fosas nasales), B: Buen control del pulso, C: Curar las heridas.

    c) Son iniciales del inglés. A: *Airway* (que significa vía aérea, es decir, comprobar si la vía aérea está obstruía), B: *Breathing* (que significa respiración, es decir, comprobar si la respiración es adecuada), C: *Circulation* (que significa circulación sanguínea, es decir, comprobar del pulso).

    d) A: Ayuda, B: Buen ánimo, C: Calma.

3. Señale lo que no sea correcto:

    a) La temperatura corporal normal está entre 36° - 37° C.

    b) La fiebre se da cuando la temperatura supera los 38° C, entre 37° y 38° C es febrícula.

    c) Si tiene una duda sobre una parte del cuerpo cuando la explora, una buena técnica para salir de dudas es mirar el lado contrario, ya que somos casi simétricos.

    d) Lo normal es respirar 20 veces en un minuto.

4. **En un accidentado que se encuentra inconsciente:**
   a) El eje cabeza-cuello-tronco ha de estar siempre inmóvil, por el riesgo de que se pueda producir una lesión en la médula espinal.
   b) Lo mejor es colocarlo en una posición segura, como puede ser apoyado en la pared.
   c) Procurar que beba líquidos puede ser beneficioso.
   d) Hay que darle fuertes palmadas en la cara hasta que se despierte.

ORDEN DE PRIORIDADES EN UN ACCIDENTE

INTRODUCIÓN

Debemos evaluar cuidadosamente nuestra actuación en primeros auxilios. Lo más importante es que surgirán situaciones de peligro de forma inesperada y tenemos que poner en práctica lo mejor posible todo lo que antes hayamos aprendido. En situaciones de emergencia a menudo los nervios, la indecisión o el pánico pueden hacer que todo se valla al traste y, lo que es peor, que causemos daños irreversibles. Un buen auxiliador debe tener una alta capacidad de reacción, organización y grandes dosis de tranquilidad.

Cuando surge una emergencia, lo que más angustia es no saber qué hacer primero, sobre todo cuando hay más de una víctima. La mejor manera de resolver estas situaciones es establecer correctamente las prioridades.

ESTABLECIMIENTO DE PRIORIDADES

Pida auxilio

Lo primero pida auxilio, así logrará que otras personas se acerquen al lugar del accidente y asistan los primeros auxilios (si usted no sabe hacerlo) o bien llamen a una ambulancia mientras usted atiende a la persona. Indique a alguien concreto que llame a la ambulancia, puede suceder que todos den por hecho que alguien ha llamado y finalmente nadie lo hace.

Si usted está solo con una persona accidentada y no le es posible brindarle los primeros auxilios, llame inmediatamente a una ambulancia. Recuerde que *una ambulancia con equipo médico es mejor asistencia que usted solo.*

Es importante saber cómo llamar a una ambulancia y saber qué decir para que el traslado sea lo más rápido posible. Llame para pedir una ambulancia en cualquiera de los siguientes casos (ver tabla en la página siguiente): problemas cardiacos, dificultad respiratoria, envenenamientos, golpes importantes, pérdida de la conciencia, alteraciones del estado mental, pérdida de fuerza en alguna parte del cuerpo o hemorragias importantes. *No trate de transportar a la víctima en esas circunstancias.*

Cuando llame diga que se trata de una emergencia médica y proporcione los siguientes datos: número de teléfono desde donde está llamando, dirección precisa donde se encuentra, estado de la víctima y las circunstancias del accidente.

Sea el último en colgar el teléfono (pueden necesitar más datos o pueden darle algunas indicaciones).

SITUACIONES QUE REQUIEREN ASISTENCIA MÉDICA URGENTE (LLAMAR A UNA AMBULANCIA O ACUDIR A UN SERVICIO DE URGENCIAS PRÓXIMO).

- Hipotermia (pérdida de la temperatura corporal).
- Envenenamiento o sobredosis de medicamentos.
- Hemorragias importantes.
- Mordeduras o picaduras venenosas.
- Parada respiratoria o cardiorrespiratoria.
- Fracturas y lesiones de los huesos, articulaciones o músculos.
- Lesiones oculares.
- Accidentes que involucren electricidad o sustancias químicas.
- Quemaduras importantes.
- Dolores intensos.
- Desmayos y pérdidas de conocimiento.
- Accidentes automovilísticos graves.
- Traumatismo craneoencefálico.

Verifique si existe algún peligro para usted

Evite convertirse en una segunda víctima del accidente: además del peligro para su integridad, si se convierte en víctima no podrá prestar ayuda: verifique si hay peligro de que usted reciba un choque eléctrico, de que se ahogue, se queme, de si existen otras situaciones que pueden poner en riesgo su vida, como una fuga de gas o de solventes (como gasolina, que pueden encenderse o provocar asfixia), si hay personas violentas o con un arma...

Elimine cualquier fuente de peligro antes de auxiliar a la víctima, si no puede, pida auxilio.

Verifique que la víctima no esté en mayor peligro

Verifique que la víctima no corra peligro adicional (por ejemplo, que esté en mitad de una calle con mucho tráfico, se encuentre en un coche en llamas o exista peligro de que el lugar se derrumbe).

No mueva a ninguna víctima a menos que el hecho de que permanezca en ese lugar ponga en riesgo su vida.

Mueva a la víctima sólo si es estrictamente necesario y si esto no representa peligro para usted.

Si no es necesario mover el cuerpo de la víctima no lo haga, pues en ocasiones existe el peligro de causar heridas más graves que las que ésta tiene.

Verifique el estado de la víctima

Identifique a la víctima y su estado: valore los factores que pueden poner en peligro su vida a corto plazo.

- Verifique si la persona respira: Si la persona no está respirando y usted esta entrenado en reanimación cardiopulmonar, trate de restablecer la respiración antes de cualquier otra cosa. Pida ayuda si no sabe.

- Tome el pulso: Mientras la persona esté respirando tendrá latidos cardiacos, si deja de respirar el corazón dejará de latir a continuación. En caso de que esto suceda, si está usted entrenado en reanimación cardiopulmonar proceda a ella con la mayor brevedad posible. Si no, pida ayuda inmediatamente.

- Controle las hemorragias grandes: si la víctima se encuentra con pulso y respirando, si existe una hemorragia importante proceda rápidamente a controlarla. Después verifique de nuevo la respiración y el pulso de la víctima.

- Tras las actuaciones expuestas, atienda el resto de lesionados (si no hay parada cardiorrespiratoria o sangrado importante, hágalo directamente), según el siguiente orden:
    –Quemaduras graves.
    –Síntomas de fracturas.
    –Heridas leves

Orden de atención en caso de varias víctimas

El orden se establecerá en función de la actuación que se ha expuesto arriba: primero aquellos en situación de parada cardiorrespiratoria, después las hemorragias severas y por último al resto de lesionados, según el orden establecido en el anterior párrafo.

RECUERDE

- *Proteja a la víctima antes que nada:* no mueva a ninguna víctima a menos que el hecho de que permanezca en ese lugar ponga en riesgo su vida y si no es necesario moverle el cuerpo, no lo haga.
- Atienda primero en un accidente múltiple a aquellos con: parada cardiorrespiratoria > sangrado importante > quemaduras graves > síntomas de fracturas > heridas leves.

SABÍA USTED QUE...

- Un entrenamiento adecuado en primeros auxilios puede salvar una vida. Una reanimación cardiopulmonar iniciada tres o cuatro minutos antes o bien hecha, puede cambiar radicalmente el pronóstico de la víctima, de la vida a la muerte, de tener después una vida normal a que padezca lesiones irreversibles: infórmese en su comunidad para recibir este tipo de entrenamiento, especialmente si en su familia hay alguien afecto del corazón.
- Los signos de muerte irreversible (hay muerte cerebral y la vida ya no es posible: por tanto las maniobras de reanimación no tienen sentido) son: pupilas fijas dilatadas sin reacción a la luz, frialdad en todo el cuerpo, rigidez, palidez extrema e incluso mal olor (si lleva ya muchas oras muerto). Si comprueba que un accidentado no presenta signos vitales y aparentemente lleva más de 30 minutos muerto (muerte irreversible), ocúpese del resto de heridos. Más vale salvar a un vivo que dedicar el tiempo del auxilio a alguien ya sin remedio.

CUESTIONARIO

1. Cuando llame por teléfono para avisar sobre una urgencia, no tiene que:
   a) Colgar rápido, ya que tras avisar lo antes posible lo prioritario es atender al enfermo.
   b) Dar datos concretos sobre el lugar del accidente (dirección, teléfono desde donde llama...).
   c) Decirla a una persona en concreto que llame a la ambulancia.
   d) Hable con tranquilidad para que le entiendan lo mejor y antes posible.

2. En qué situación de las siguientes no debe llamar a una ambulancia:
   a) Una persona que sangra a borbotones por la ingle tras recibir un navajazo.
   b) Tras un accidente de tráfico encuentra que uno de los que viajaban ha perdido el conocimiento.
   c) Está en el campo y una avispa le ha picado.
   d) Al enchufar un cable, un familiar ha quedado enganchado a la corriente diez segundos (hasta que usted le apartó de la corriente con una palo de madera).

3. Un andamio con trabajadores de la construcción se ha caído. Tras asegurarse de que el terreno es seguro para los accidentados y usted, ¿en qué orden les atenderá?
   a) Primero al que sangra por una herida en el cuello, segundo al que presenta un brazo doblado (aparentemente fracturado), tercero al que está inconsciente en el suelo y sin pulso arterial.
   b) Primero al que está inconsciente en el suelo y sin pulso arterial, segundo al que sangra por una herida en el cuello, tercero al que presenta un brazo doblado (aparentemente fracturado).
   c) Primero al que está inconsciente en el suelo y sin pulso arterial, segundo al que presenta un brazo doblado (aparentemente fracturado), tercero al que sangra por una herida en el cuello.
   d) Primero al que sangra por una herida en el cuello y segundo al que presenta un brazo doblado (aparentemente fracturado). El que está inconsciente no precisa auxilio, ya que seguramente está muerto.

4. **Precisará acudir a las urgencias más cercanas a su domicilio si:**
    a) Presenta una intensa cefalea, similar a la que tiene varias veces al mes.
    b) Tiene fiebre, molestias en la garganta y dolor al tragar comida.
    c) Estando solo en casa, ha perdido el conocimiento y no sabe durante cuanto tiempo ni porqué.
    d) Al ducharse se resbala y golpea en el costado derecho, pero poco a poco el dolor mejora y no le impide ningún movimiento.

REANIMACIÓN CARDIOPULMONAR

PARADA CARDIORRESPIRATORIA Y RESPIRATORIA

La parada cardiorrespiratoria se define como la interrupción brusca, inesperada y potencialmente reversible de la respiración y de la circulación espontáneas. Si no se revierte esta situación, se producirá un rápido deterioro de los órganos vitales por falta de oxígeno a los tejidos.

La actuación en una parada cardiorrespiratoria (PCR) potencialmente reversible debe diferenciarse de aquella otra no susceptible de tratamiento, como es la evolución natural y terminal de una enfermedad incurable.

La PCR puede debutar como una parada respiratoria o como una parada cardiaca. Cuando lo que sucede inicialmente es una parada respiratoria, el latido cardíaco eficaz persiste durante algunos minutos y una rápida actuación sobre la víctima puede impedir la parada cardiaca. Si la parada es primariamente cardiaca, instantáneamente será respiratoria.

REANIMACIÓN CARDIOPULMONAR

La *reanimación* es el conjunto de maniobras que se realizan para asegurar el aporte de sangre oxigenada (con oxígeno) al cerebro, cuando fallan los mecanismos naturales: la respiración (*parada respiratoria,* que si no se resuelve en pocos instantes lleva también a parada cardiaca), el corazón (*parada cardiaca,* que lleva siempre instantáneamente a la parada respiratoria) o ambas (*parada cardiorrespiratoria*).

Las *maniobras* se ejecutarán según detectemos la ausencia de una constante vital: de la respiración (*parada respiratoria*), del pulso (*parada cardiaca*) o de ambas (*parada cardiorrespiratoria*). Es fundamental que las maniobras se realicen de una manera correcta, rápida y ordenada. La ejecución de maniobras de reanimación sobre una persona que respire o tenga pulso puede ser fatal, acarreando lesiones internas graves e incluso la muerte.

La reanimación cardiopulmonar (RCP) integra el tratamiento de la parada cardiorrespiratoria en un conjunto de pautas estandarizadas y de desarrollo secuencial, cuyo fin es sustituir primero y restaurar después la respiración y la circulación espontáneas. Debe realizarse de forma que existan posibilidades razonables de recuperar las funciones cerebrales superiores (si la PCR se prolonga muchos minutos, el daño cerebral que se produce es irreversible).

Desde la introducción de la RCP en el año 1960, se dispone de un tratamiento apropiado para evitar que un elevado porcentaje de muertes clínicas (cuando se produce la PCR pero todavía es posible la reanimación) se convierta irremisiblemente en biológicas (cuando la vida ya es imposible en el individuo).

Las posibilidades de éxito van a depender:

- De la enfermedad subyacente que produjo la parada (hay enfermedades en las que la reanimación resulta más eficaz).
- De los minutos que se pierdan hasta iniciar la RCP.
- Del entrenamiento de los reanimadores. La preparación y experiencia que tengan los reanimadores son importantísimas para que la reanimación sea correcta.

La técnica de RCP se divide en básica y avanzada, entendiendo por básica la que puede realizarse sin ningún tipo de equipamiento y que por su sencillez, debe poder aplicarla cualquier ciudadano. De una RCP básica bien hecha depende el éxito posterior de la RCP avanzada (la que aplicarán los servicios sanitarios equipados para ello) y por tanto la vida de la persona que ha sufrido la parada. *Por ello, es necesario proporcionar a la población un entrenamiento adecuado mediante cursos sencillos, prácticos y periódicos.*

VALORACIÓN INICIAL Y RCP BÁSICA

Valoración inicial

Con este proceso de exploración buscamos identificar perfectamente qué le ha ocurrido a una víctima de cualquier accidente. Tal como vimos en un capítulo anterior, siempre dividimos la evaluación en dos fases, *valoración primaria* y *valoración secundaria*. Es muy importante la previa evaluación del entorno y el primer contacto con la víctima. A la llegada al lugar del incidente, antes de acceder a las posibles víctimas, es conveniente emplear unos instantes en realizar una inspección visual del accidente y de los alrededores en busca de otros riesgos que puedan poner en peligro nuestra propia vida. Es fundamental establecer las medidas de autoprotección necesarias, incluido el uso de guantes (si los hay) para la prevención de posibles contagios. No debe entretenerse excesivamente

Valoración primaria de la respiración

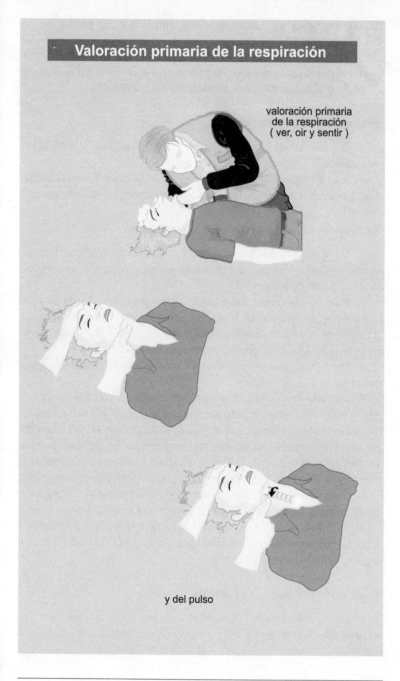

valoración primaria
de la respiración
(ver, oir y sentir)

y del pulso

en preguntar a testigos, acompañantes, familiares o a la propia víctima sobre lo ocurrido.

En la *valoración primaria* (el ABC) exploraremos las constantes vitales con el único fin de detectar su presencia, sin entretenernos en cuantificar. Se realizará siempre de manera rápida y sistemática.

Evaluación de la consciencia

- En caso de que responda pasaremos a realizar la valoración secundaria.
- Si la víctima está inconsciente (tras avisar a los sistemas sanitarios) pasaremos a evaluar la respiración primero y el pulso después.

Evaluación de la vía aérea y de la respiración

- Si respira, lo pondremos en *posición lateral de seguridad*: lo colocaremos de lado y doblaremos la rodilla que queda más alta, apoyándola en el suelo (así no se moverá).
- Primero observaremos si existe algún objeto que pueda obstruir la vía aérea (dentaduras, chicles, caramelos, flemas, vómitos, etcétera). Si es así, iniciaremos la desobstrucción de la vía aérea por medio de las *maniobras de desobstrucción* (se explicarán mas adelante).
- Si no existe ningún objeto, evaluaremos a continuación la respiración (recordar: *oír, sentir y ver*).
- En caso de no sentir la respiración, liberaremos la base de la lengua, que puede obstruir el paso del aire por la faringe. Para ello pondremos una mano en la frente, que empujará hacia abajo y la otra en la nuca, que tirará hacia arriba, consiguiendo así estirar el cuello, elevando la mandíbula y con ella la base de la lengua. Después volvemos a comprobar la respiración. Esta maniobra es conocida como *hiperextensión del cuello*.
- Si tras la hiperextensión del cuello el enfermo respira, *giraremos la cabeza* hacia un lado y pasaremos a realizar la valoración secundaria.
- Si, por el contrario, la respiración no está presente realizaremos 2 *insuflaciones* seguidas (*boca a boca*, que se explicará mas adelante) y a continuación valoraremos el pulso.

Evaluación del pulso (circulación)

- Si sentimos el pulso (en cualquiera de las *arterias carótidas*) seguiremos realizando el boca a boca a ritmo de una insuflación cada cinco segundos.

Ventilación y compresión torácica

- Si, por el contrario, la víctima carece de pulso, comenzaremos el *masaje cardíaco externo* (se explicará mas adelante). No golpearemos el tórax con el puño.

Maniobra de desobstrucción

Estas maniobras consisten en presionar la zona inferior del tórax para comprimir los pulmones y que estos expulsen fuertemente el aire contenido con el fin de empujar hacia el exterior el objeto que obstruye. Mientras se realizan, continuaremos intercalando dos insuflaciones cada cuatro compresiones abdominales.

No se pueden hacer en víctimas con obstrucción parcial (tosen, se quejan o pueden hablar), a las que sólo las invitaremos a toser. Nunca deben darse golpes en la espalda a los adultos.

- *Si la víctima está tumbada,* nos sentaremos en sus muslos mirando hacia su cabeza, que la colocaremos ladeada. Situaremos nuestro puño en la boca del estomago (inmediatamente debajo de las costillas) y presionaremos oblicuamente hacia abajo y hacia la cabeza.

- *Si la víctima está de pie o sentada* le pasaremos los brazos por debajo de sus axilas y presionaremos, con el puño cerrado ayudado por la otra mano, en el mismo punto, oblicuamente hacia nosotros y hacia arriba. Las presiones han de ser secas y profundas.

- *En niños de corta edad,* los colocaremos cabeza abajo e intentaremos desalojar el obstáculo mediante golpes fuertes entre los omóplatos.

Boca a boca

Consiste en introducir en los pulmones de la víctima el aire contenido en nuestra boca, faringe, laringe, tráquea y bronquios antes de que quede viciado por nuestra propia respiración; es decir, el aire que aún no ha sufrido el total intercambio gaseoso en nuestros pulmones.

- Para ello, manteniendo el cuello de la víctima en extensión, pegaremos nuestros labios herméticamente alrededor de la boca de la víctima mientras pinzamos su nariz con los dedos índice y pulgar de la mano que mantenemos en la frente; le insuflaremos el aire con fuerza moderada durante no más de dos segundos a la vez que miramos su tórax y abdomen, asegurándonos que lo que sube es el tórax. Esta fuerza debe ser muy controlada en el caso de que el paciente sea un niño y más aún en el caso de lactantes.

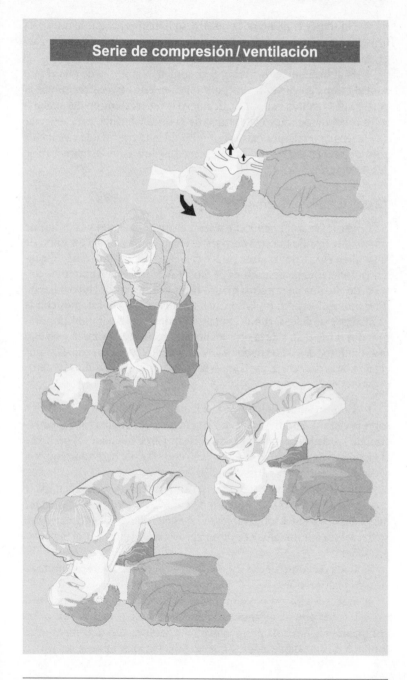

Serie de compresión / ventilación

● No retirar la mano de la nuca. Si lo hacemos porque la boca está firmemente cerrada y es preciso abrirla, no hay que apoyarla en la garganta, pues impediría la entrada del aire.

● Si al insuflar vemos subir el abdomen es síntoma de que el aire pasa al estómago en vez de los pulmones; en este caso corregiremos la postura de la cabeza realizando de nuevo la hiperextensión del cuello o comprobando de nuevo la cavidad de la boca y faringe para detectar que la lengua o cuerpos extraños no impiden la entrada de aire en los pulmones. Si esto último es lo que sucede, realizaremos la maniobra de desobstrucción.

Masaje cardíaco externo

Consiste en comprimir el corazón entre el esternón y la columna vertebral cargando nuestro peso sobre el tercio inferior del esternón de la víctima. Para localizar este punto con exactitud, primero ha de quedar completamente desnudo el pecho. Posteriormente seguiremos con los dedos de una de nuestras manos el borde inferior de las costillas en dirección al esternón. En la zona central del pecho chocaremos con la punta inferior del esternón (apófisis xifoides). En este punto pondremos dos o tres dedos de la otra mano en dirección a la cabeza y en este nuevo punto (dos o tres dedos sobre el apéndice xifoides) colocaremos el talón de la primera mano. Esta es la zona donde realizaremos las compresiones.

● Compresiones: sin apoyar ni la palma de la mano ni los dedos sobre la víctima, pondremos la otra mano sobre la primera (mejor entrelazando los dedos) y con los brazos rectos y perpendiculares al pecho de la víctima, dejaremos caer nuestro peso con el fin de hacer descender el tórax unos centímetros (tres o cuatro cm).

● Las compresiones serán secas y rítmicas (contaremos: ...y uno... y dos... y tres... etcétera), en numero de quince. Posteriormente volveremos a dar dos insuflaciones rápidas y de nuevo quince masajes externos. La frecuencia por minuto debe de ser aproximadamente de ochenta compresiones.

● Cada conjunto de *dos insuflaciones y quince masajes* se denomina ciclo de reanimación.

● Si son dos los reanimadores, el ciclo es de una insuflación y cinco masajes (cada uno será responsable de la tarea). Es mejor que realice las dos maniobras una sola persona que sabe hacerlas adecuadamente que contar con la ayuda de alguien que no sabe (su ayuda puede ser peor).

Localización del punto de compresión
y compresión torácica

• Consideraremos *secuencia* al conjunto de cuatro ciclos completos de reanimación.

• No todas las personas tienen la misma consistencia en sus costillas, por lo cual se recomienda hacer rápidamente una o dos presiones de tanteo para precisar la "dureza" del recorrido y saber exactamente dónde comienza la verdadera presión sobre el músculo cardíaco.

Finalización de la reanimación

Al finalizar cada secuencia volveremos a valorar si el pulso está presente. Si no hay pulso seguiremos realizando secuencias hasta que retorne. Cuando el pulso retorne volveremos a valorar la respiración, actuando como se ha descrito anteriormente.

Daremos por finalizada la resucitación:

• Cuando otra persona nos sustituya (otro socorrista, personal de ambulancia asistencial, médico, etcétera).

• Cuando un médico certifique el fallecimiento de la víctima.

• Cuando recupere las constantes vitales.

• Cuando estemos agotados y no podamos continuar realizando la reanimación.

Dificultades durante la evaluación y la reanimación

Hay determinadas circunstancias que pueden entorpecer la reanimación, debiendo recurrir a determinadas armas de ayuda.

• *Hemorragia aguda:* si previamente al masaje cardiaco observamos que ha existido una hemorragia aguda, procederemos al taponamiento de la herida para evitar que con el bombeo artificial siga perdiendo más sangre por esa herida. Esta maniobra debemos realizarla en el menor tiempo posible y, si fuese necesario, aplicaremos inmediatamente un taponamiento o un torniquete para poder dedicarnos enteramente a la reanimación.

• *Imposibilidad de toma de pulso en el cuello:* si existen problemas para tomar el pulso en la arteria carótida, lo tomaremos en la otra arteria central: la femoral, que se palpa en la ingle. Nunca utilizaremos los pulsos periféricos debido a su lejanía del corazón.

• *No hay entrada de aire en las insuflaciones:* en cada insuflación el tórax tiene que subir. Si no subiera o lo que subiera fuese el estómago, revisaríamos la hiperextensión del cuello y volveríamos a intentarlo. Si,

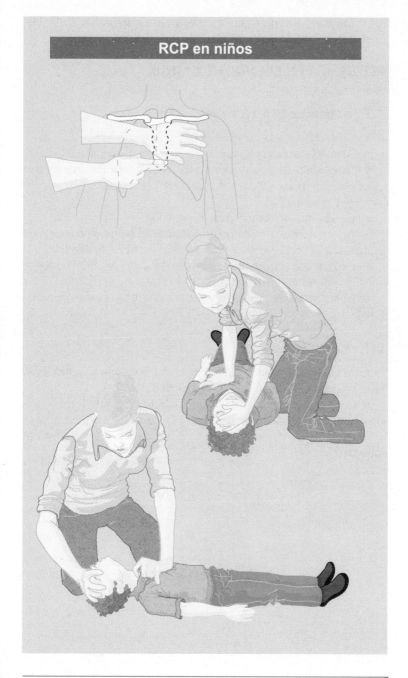

RCP en niños

aun así, siguiera sin subir, pensaríamos en una obstrucción de las vías respiratorias (realizaríamos las maniobras de desobstrucción).

RCP BÁSICA EN LACTANTES Y NIÑOS

RCP en lactantes (0 a 12 meses)

- Obstrucción de la vía aérea: golpes interescapulares.
- Apertura de la vía aérea: hiperextensión moderada del cuello.
- Ventilación artificial: técnica boca a boca-nariz (la boca del reanimador cubre la boca y nariz de lactante). Frecuencia: 20-25 insuflaciones por minuto.
- Comprobación del pulso humeral.
- Masaje cardíaco externo: localización del punto de compresión un dedo por debajo de la línea intermamilar (entre las tetillas).
- Efectuar compresiones torácicas con dos dedos (2 cm). Frecuencia 100-120 comp./min.
- Alternancia compresiones-ventilaciones: 5/1, con uno o dos reanimadores.

RCP en niños (1 a 8 años):

- Ventilación artificial: acomodar boca a boca o boca-nariz según edad. Frecuencia 15/20 insuflaciones por minuto.
- Compresiones torácicas: utilizar el talón de la palma de una mano sobre la mitad inferior del esternón (3cm). Frecuencia: 80-100 comp./min.
- Alternancia compresiones-ventilaciones: 5/1 con uno o dos reanimadores.

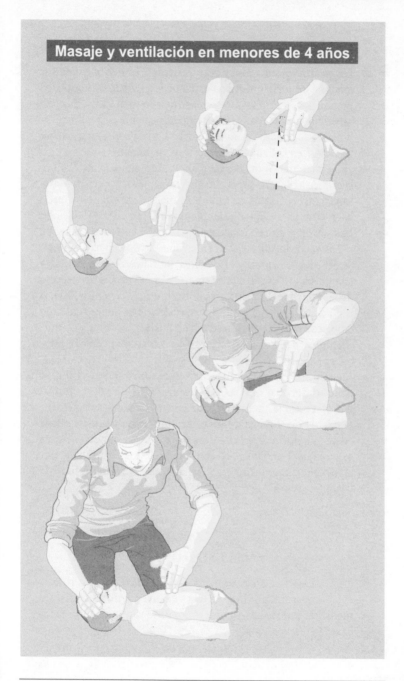

Masaje y ventilación en menores de 4 años

RECUERDE

- Los mejores resultados en reanimación se obtienen cuando se inicia en un corto intervalo de tiempo y la parada se produce en presencia del personal sanitario entrenado y equipado. Es necesario tener una preparación adecuada mediante cursos sencillos, prácticos y periódicos. Infórmese en los centros sanitarios más cercanos, en la Cruz Roja o en su ayuntamiento.

- La manera más ventajosa de realizar la respiración artificial, es la el boca a boca. Se sopla aire directamente en la boca de la víctima para llenarle los pulmones. El cuello debe estar flexionado hacia atrás para evitar que la lengua tape la entrada de la laringe. Para soplar el aire en la boca, deben taparse las fosas nasales. En niños puede insuflarse el aire al mismo tiempo en nariz y boca. Se debe llenar el tórax de la víctima, retirando después la boca y comprobando que el aire se expulsa. La frecuencia del proceso debe ir de unas 12 a 20 veces por minuto. Una vez iniciada, la respiración artificial no debe suspenderse hasta que el enfermo empiece a respirar por sí solo o si un médico atiende al paciente. Si empieza a respirar no debemos descuidarnos, pues la respiración puede alterarse de nuevo.

- En caso de que el aire no entre en el tórax de la víctima, se debe comprobar que las vías respiratorias no están obturadas. A veces, la inclinación de la cabeza no es suficiente o puede ser que los bronquios estén obstruidos, lo que se puede corregir colocando a la víctima de lado y golpeando entre los omoplatos. También es posible que haya una obstrucción por algún cuerpo extraño (realizar entonces las maniobras de desobstrucción.

SABÍA USTED QUE...

- Según la legislación española, sólo un médico puede certificar el fallecimiento, por lo cual, una persona no profesional de la medicina, ante la ausencia de pulso en la víctima siempre realizará la reanimación.

CUESTIONARIO

1. **Si observa a una persona inconsciente y sin respiración, ¿qué hará?**
   a) Comprobar el puso.
   b) Iniciar la reanimación cardiopulmonar.
   c) Si un objeto no obstruye la vía respiratoria, realizar la maniobra de hiperextensión del cuello. Si tras ello continua sin respirar, dar dos insuflaciones (boca a boca) y comprobar el pulso.
   d) Colocarse encima (sentado sobre las piernas) y presionar fuertemente en la boca del estómago.

2. **¿Para qué sirva la maniobra de hiperextensión del cuello?**
   a) Para colocar el cuello en una posición segura mientras re realiza la reanimación.
   b) Para que el boca a boca sea más cómodo para el reanimador.
   c) Para facilitar la salida de aire por la vía respiratoria.
   d) Para que la lengua no obstruya el paso del aire.

3. **Si está solo y tras comprobar que el lesionado no respira, comprueba que no tiene pulso, ¿qué hará?**
   a) Iniciaremos el masaje cardíaco externo, con una secuencia de dos insuflaciones-quince compresiones.
   b) Iniciaremos el masaje cardíaco externo, con una secuencia de una insuflación-cinco compresiones.
   c) Colocarse encima (sentado sobre las piernas) y presionar fuertemente en la boca del estómago.
   d) Colocar la cabeza hacia un lado y buscar un medio de transporte rápido para buscar ayuda.

4. **En los niños, no es correcto:**
   a) Realizar la secuencia de masaje cardíaco externo con una insuflación - cinco compresiones.
   b) Si son muy pequeños, el boca a boca será boca nariz-boca.
   c) En los lactantes, para el masaje cardíaco externo hay que localizar el punto de compresión un dedo por debajo de la línea intermamilar (entre las tetillas). Efectuar compresiones torácicas con dos dedos.
   d) La frecuencia de compresiones torácicas en la RCP en lactantes es de 80 comp./min.

TRANSPORTE DEL ACCIDENTADO

INTRODUCCIÓN

El traslado innecesario de las víctimas de un accidente o de los enfermos graves es muy peligroso, por eso es clave un transporte seguro. Al trasladar un accidentado o un enfermo grave, se deberá garantizar que las lesiones no aumentarán, que no se le ocasionarán otras nuevas ni se complicará su recuperación, ya sea por movimientos innecesarios o por un transporte inadecuado. Lo mejor es prestar la atención en el sitio del accidente, a menos que exista peligro inminente para la vida de la víctima o del auxiliador (si en el recinto hay acumulación de gas o humo, en un incendio, si hay peligro de explosión o de derrumbe de un edificio...).

Una vez que haya decidido cambiar de lugar al accidentado, considere tanto la seguridad de la víctima como la suya. Tenga en cuenta su capacidad y la de otras personas que puedan ayudarle.

TRANSPORTAR A UN LESIONADO CON UN SOLO SOCORRISTA

- *Si la víctima pesa poco:* Si está consciente y no puede movilizarse, arrodíllese y pídale que pase los brazos alrededor de su cuello, entrelazando las manos. Pase un brazo por debajo de los muslos de la víctima. Colóquele el otro brazo alrededor del tronco, por encima de la cintura y levántela. Si está inconsciente, sujétele las manos con una venda a la altura de las muñecas y realice el mismo procedimiento.

- *Si la víctima es grande* o cuando es necesario retirar a una víctima del área del peligro a una distancia no mayor de diez metros (y el auxiliador se encuentra solo). Coloque los brazos cruzados de la víctima sobre el tórax. Sitúese detrás de la cabeza y coloque sus brazos por debajo de los hombros sosteniéndole con ellos el cuello y la cabeza. Arrástrela por el piso. Si la victima tiene un abrigo o chaqueta, desabróchelos y extiéndalos hacia atrás de forma que la cabeza descanse sobre la prenda. No debe utilizarse cuando el terreno sea desigual o irregular (piedras, vidrios, escaleras...). Si es muy grande y no puede sostenerla por debajo de los hombros, puede usar el arrastre de los pies, asegurándose de que la cabeza de la víctima no se lesionará con un terreno desigual o irregular.

TRANSPORTAR A UN LESIONADO CON AYUDA DE ELEMENTOS

Un lesionado puede ser transportado utilizando diferentes elementos como una silla, camilla o un vehículo, aunque siempre necesitamos la colaboración de al menos dos personas. Su uso depende de las lesiones que presenta, de la distancia y de los medios que se tengan para hacerlo.

● *Transporte en silla:* Se usa cuando la persona está consciente y no tiene lesiones severas, especialmente si es necesario bajar o subir escaleras. Debe tenerse la precaución de que el camino esté libre de obstáculos, para evitar que los auxiliadores se resbalen. Para emplear este método de transporte se necesitan dos auxiliadores. Verificar que la silla sea fuerte y si no puede sentarse sin ayuda: cruce las piernas de la víctima, un auxiliador se pone de rodillas a la cabeza de la víctima, meta una mano bajo la nuca y la otra mano bajo los omoplatos. En un solo movimiento siente la víctima, acercándose contra ella o sosteniéndola con una pierna. Coloque un brazo por debajo de las axilas de la víctima cogiendo el brazo cerca de la muñeca. Con su otra mano tome de igual forma el otro brazo y entrecrúcelos apoyando la cabeza contra el auxiliador. Sostenga el tronco entre sus brazos y póngase de pie con la espalda recta, haciendo el trabajo con las piernas, mientras el otro auxiliador le sostiene las piernas. A una orden, levántense simultáneamente y coloquen la víctima en la silla. Asegúrenla en la silla e inclínenla hacia atrás, para que la espalda de la víctima quede contra la espalda de la silla. A una orden, levanten simultáneamente la silla y caminen lentamente.

● *Transporte con camilla:* Una camilla se puede improvisar de las siguientes maneras: consiga dos o tres chaquetas o abrigos y dos trozos de madera fuertes. Coloque las mangas de las prendas hacia adentro. Pase los trozos de madera a través de las mangas. Abotone o cierre la cremallera de las prendas. Otra forma de improvisar una camilla es conseguir una tela o prenda grande y dos trozos de madera fuertes. Extienda la tela en el suelo y divídala imaginariamente en tres partes, de manera que en la parte del centro quepa el lesionado. Enrolle firmemente cada extremo la tela a uno de los palos, dejando entre uno y otro suficiente espacio para que pueda estar tumbada la víctima. Una vez construida la camilla, la colocaremos al lado de la víctima y lo trasladaremos procurando moverle los menos posible, de un solo movimiento. Debemos tener cuidado especial con las partes lesionadas, sobre todo si pensamos que puede haber una lesión en el cuello.

PREVENCIÓN EN EL TRASLADO

• Asegúrese antes de mover al accidentado que las vías respiratorias están libres (de secreciones u otros elementos que puedan obstruir), de verificar el estado de conciencia, de controlar las hemorragias y de inmovilizar las fracturas.

• Si se encuentra inconsciente como resultado de un traumatismo, trate a la víctima como lesionada en la columna vertebral (mover el eje tronco-cuello-cabeza como un solo bloque, por lo que debería sujetar ésta parte, si es posible, una o dos personas). Evite torcer o doblar el cuerpo de una víctima con posibles lesiones en la cabeza o columna. Utilice una camilla dura cuando sospeche fractura de columna vertebral.

• No deben ser transportadas sentadas las personas con lesiones en la cabeza, espalda, cadera o pierna.

RECUERDE

• Seleccione el método de transporte de acuerdo con la naturaleza de la lesión, número de ayudantes, material disponible, contextura de la víctima y distancia a recorrer. Dar órdenes claras cuando se utiliza un método de transporte que requiera más de dos auxiliadores (en estos casos uno de los auxiliadores debe hacerse cargo de dirigir todo el procedimiento).

• No trate de mover solo un adulto demasiado pesado. Busque ayuda. Si no hay otro remedio, sitúese detrás de la cabeza, coloque los brazos por debajo de sus hombros (sosteniéndole con ellos el cuello y la cabeza) y arrástrela por el piso con cuidado.

SABÍA USTED QUE...

- En los barcos no siempre hay un médico, ya que depende del número de persona que se encuentren embarcadas. Cuando no lo hay, existe un centro de guardia en tierra, donde un médico puede hablar con el capitán del barco. Si hay un incidente y necesitan un médico, el lesionado no puede hablar directamente con él, debido a la jerarquía que existe en el mar. Tiene que hablar el capitán, quien preguntará y explorará al enfermo aquello que le indique el médico. En función de la información que reciba, debe decidir si lo traslada (mandarán un helicóptero para ello).
- Estando de servicio las ambulancias pueden tener ciertas licencias para poder transportar a un enfermo con mayor rapidez, como es tener prioridad en un cruce u otras situaciones (debemos estar atentos si oímos el ruido de las sirenas o si vemos la luz de una ambulancia, para dejarle paso lo más rápidamente posible). Si transportamos a un enfermo en un coche, debemos de sacar un pañuelo o una prenda roja por una ventana, de manera que sea visible, y tocar el claxon repetidamente. De esta manera los demás coches percibirán que transportamos a un enfermo y tendremos también prioridad. En estos casos debe conducirse con precaución y respetar las normas generales de circulación: es mejor llegar al hospital sano que no llegar o provocar otros accidentes.

CUESTIONARIO

1. Si sospecha que un accidentado puede haberse lesionado en el cuello (está inconsciente, se ha golpeado la cabeza o el cuello, presenta pérdida de fuerza o sensibilidad en una parte del cuerpo), ¿qué no sería apropiado hacer?
- a) Moverlo lo más rápido posible para que le vea un médico cuanto antes.
- b) Si es posible, mejor no moverlo, en espera de que lleguen los servicios sanitarios que sabrán moverlo adecuadamente.
- c) Si es imprescindible moverlo, el eje tronco-cuello-cabeza debe ser un bloque, es decir, no debe girar ni flexionar en ningún sentido.
- d) Estar atento a sus constantes vitales (consciencia, respiración y pulso).

2. El transporte en una silla está destinado a:
- a) Lesionados de la cabeza.
- b) Lesionados del cuello.
- c) Personas que no están lesionados en la cabeza, cuello, espalda, cadera o pierna, por lo que se trataría de casos muy seleccionados (si es posible el traslado en una camilla, mejor).
- d) Personas perezosas.

3. ¿En qué caso es mejor prestar atención en el sitio del accidente?
- a) Si en su casa se ha caído un familiar desde una escalera, golpeándose en la cabeza.
- b) Si en el recinto hay acumulación de gas o humo.
- c) En un incendio.
- d) Si hay peligro de explosión o de derrumbe de un edificio.

4. Si percibe el sonido de sirena de una ambulancia y conduce un coche en una calle:
- a) Acelerará rápido el coche para evitar entorpecer su camino.
- b) Me apartaré lo antes posible de su camino con precaución para no provocar un accidente.
- c) Me saltaré el semáforo rojo que hay delante para que pueda pasar.
- d) Seguiré igualmente mi camino, ya que no tiene preferencia. El ruido de las sirenas es sólo para advertir al hospital que llega una ambulancia.

TRAUMATISMO CRANEOENCEFÁLICO

INTRODUCCIÓN

Un traumatismo craneoencefálico (TCE) es desde un traumatismo craneal leve a un trauma en el cráneo con repercusión neurológica (disminución de la consciencia, síntomas focales neurológicos o amnesia postraumática). La incidencia es mayor entre los hombres, con una relación hombre / mujer de tres a uno. Las causas más frecuentes son los accidentes de tráfico seguidos de las caídas.

Las lesiones pueden producirse por varios mecanismos, pero son principalmente dos:

- Heridas penetrantes en el cráneo.
- Por una aceleración-desaceleración que lesiona los tejidos en el lugar del impacto o en el polo opuesto (lesión por contragolpe).

Según la localización y el mecanismo de producción se pueden producir diferentes tipos de lesiones, como hemorragias o lesión axonal difusa (daño cerebral difuso).

TIPOS DE TCE

- Se habla de TCE abierto cuando el interior del cráneo (el cerebro) contacta con el exterior. Es cerrado cuando no hay contacto. Son ejemplos de TCE abierto las fracturas de la base del cráneo que se abren a las cavidades aéreas craneales, las heridas penetrantes y las fracturas abiertas de la bóveda craneal.
- Atendiendo a su gravedad el TCE se clasifica en leve (el paciente está asintomático en el momento de la evaluación o sólo aqueja cefalea, mareo u otros síntomas menores), moderado (alteración del nivel de consciencia, confusión, presencia de alteraciones en la sensibilidad o en la fuerza) o grave (la víctima presenta coma o muy bajo nivel de consciencia).

NORMAS PARA EL MANEJO INICIAL DEL TCE

- Exploración general inicial: Es preciso valorar la presencia de problemas que precisen una actuación terapéutica inmediata. Lo primero que hay que hacer es asegurar la permeabilidad de la vía aérea, garantizar una respiración eficaz y una buena situación hemodinámica (ABC).

- Ante la mínima sospecha de lesión vertebral-medular se extremarán las medidas encaminadas a inmovilizar las partes móviles de la columna vertebral (movilización del paciente en bloque).

- Todo TCE que presente algún síntoma acompañante (cefalea, mareo, convulsión, disminución del nivel de consciencia, pérdida de memoria o fuerza, alteración en la sensibilidad...) o que halla sido intenso necesita una valoración por un médico.

- Si el TCE ha sido intenso y tras la valoración hospitalaria es dado de alta, se debe verificar cada dos horas durante las siguientes 24 horas (incluso durante el sueño) que el paciente está orientado, mueve las cuatro extremidades y habla. En caso de cefalea persistente y progresiva, vómitos, visión doble, dificultad para caminar, etcétera, se debe solicitar una consulta médica urgente para ser evaluado.

RECUERDE

- No se debe confiar ante la normalidad de la exploración o la ausencia de síntomas en las primeras horas tras el TCE. Esto es de especial importancia en el caso de pacientes ancianos y alcohólicos, pues no es infrecuente que desarrollen alguna complicación un tiempo después (generalmente en las primeras 24 horas) del trauma.
- Todo TCE moderado o severo requiere atención hospitalaria, medio en el que valorarán la necesidad de realizar un TAC craneal u otras pruebas.

SABÍA USTED QUE...

- El traumatismo craneoencefálico es la primera causa de muerte e incapacidad en la población menor de 45 años en los países desarrollados, afectando principalmente a la población activa y originando terribles secuelas.
- La OMS clasifica los TCE según la escala de Glasgow para el coma (GCS), que tiene en cuenta la respuesta verbal, la apertura de ojos y el sistema motor, en graves (GCS < 9), moderados (GCS 9-13) y leves (GCS 14-15): el 10 por 100 son graves, 10 por 100 moderados y 80 por 100 leves. En los traumatismos graves, la mortalidad se aproxima al 50 por 100 y el tratamiento sólo la reduce ligeramente. Un 20 por 100 de los TCE severos asocian lesiones de la columna vertebral.
- Se consideran factores pronósticos en caso de TCE: edad, imágenes en el TAC craneal (Tomografía Axial Computerizada o Escáner, que es una prueba de imagen mediante la cual se ven las lesiones graves que se pueden producir en un TCE), puntuación en la GCS, reactividad pupilar y la presencia o ausencia de hipotensión arterial.

CUESTIONARIO

1. **Un TCE, ¿debe de ser valorado siempre por un médico?**
   a) Sí.
   b) Cuando el accidentado esté en coma.
   c) Si es leve no, pero cuando es moderado-severo o cuando acompañan síntomas de posible afectación del sistema nervioso central (alteración del nivel de consciencia, confusión, amnesia, presencia de alteraciones en la sensibilidad o en la fuerza, nauseas o vómitos, cefalea intensa o mareo), debe de ser valorado por una médico sin demora.
   d) Sólo si existe una herida en el cráneo.

2. **El TAC craneal (Tomografía Axial Computerizada o Escáner):**
   a) Se realizará a todo TCE.
   b) Se realizará cuando el accidentado o su familia lo pidan.
   c) Sólo se realizará cuando exista riesgo de fractura de los huesos del cráneo.
   d) El médico que valora al accidentado valorará si es conveniente realizarlo (si sospecha o no que pueda existir riesgo de lesión cerebral).

3. **Si un TCE moderado o severo ha sido valorado en un hospital y deciden el alta, la observación posterior debe hacerse durante:**
   a) Una semana.
   b) 24 horas.
   c) Una hora.
   d) No es necesario observación posterior.

4. **Si mientras observa en su domicilio a un familiar que ha sufrido un TCE, presenta cefalea persistente y progresiva, vómitos, visión doble o dificultad para caminar, ¿qué tendría que hacer?**
   a) Darle un analgésico y llevarlo a la cama.
   b) Llamar urgentemente a una ambulancia para llevarlo al hospital.
   c) Esperar una hora, y si no mejora llamara a un hospital.
   d) Llevarlo al médico de familia para que valore el traslado al hospital.

HERIDAS

INTRODUCCIÓN

Son lesiones por rotura de la piel. Hay tres causas principales: golpes, incisiones o cortes y abrasión (nudillos despellejados al golpear un saco, roce violento con tela o contra el suelo...).

El nivel de gravedad es muy variable, desde ninguna (a lo sumo una molestia) a extremadamente grave, como un corte profundo con hemorragia abundante.

SÍNTOMAS

- Evidencia de herida: corte limpio, rozadura, lesión abrupta...
- Dolor, que puede ser importante (en caso de rozaduras es similar al de una quemadura).
- Casi seguro habrá hemorragia, de intensidad variable en función de los vasos sanguíneos dañados.
- Si la herida es profunda se observa separación entre los bordes de la misma.

PRIMEROS AUXILIOS

Según la gravedad de la herida, los primeros auxilios serán suficientes o, por el contrario, será necesario acudir al hospital para aplicar los cuidados que precise el lesionado (suturas, transfusión...).

Heridas superficiales o menores

Los cortes, rozaduras o heridas menores no suelen requerir atención hospitalaria. Es esencial sin embargo prevenir o tratar adecuadamente la infección u otras complicaciones de las mismas. A continuación se indican unos cuantos pasos a seguir en el control de heridas menores.

- Mantener la herida limpia: lavar la zona de la herida con agua y jabón, quitando toda suciedad de los bordes (con una gasa si se dispone de ella).
- Al perder la protección de la piel, la herida se puede infectar, de modo que después hay que limpiar con antisépticos locales (povidona

yodada, alcohol de 70°, tintura de yodo, mercurocromo, gluconato de clorhexidina...).

- A continuación debe cubrirse la herida con un vendaje protector (si la herida es muy pequeña bastarán tiritas) a menos que sea en la cara, en cuyo caso se deja al aire con una simple capa de antiséptico.
- Si sangra:
  – Aplicar presión con un apósito seco o empapado en algún producto hemostático (agua oxigenada) y vendar la zona (si la herida es muy pequeña bastarán tiritas).
  – Si el sangrado es persistente y continúa después de varios minutos de ejercer presión sobre la zona, buscar inmediatamente cuidado médico.

Heridas profundas

- Lo primero, llame a un médico.
- En casos de hemorragia abundante:
  – Mantener la zona herida a una altura superior a la del corazón, hasta que llegue al hospital.
  – Usar vendas elásticas con cierta presión.
  – Si no es suficiente, comprimir la vena o arteria para disminuir la hemorragia hasta que los servicios sanitarios acudan al lugar. Se usará una gasa o en su defecto un trozo tela o de ropa limpio.
- Los torniquetes están contraindicados, salvo situaciones muy específicas.
- Herida abdominal abierta (siga las siguientes indicaciones sólo en el caso que no llegue el médico).
  – Si existe un órgano salido, empújelo suavemente hacia dentro de la cavidad.
  – Tapar la herida con una cubierta húmeda y sosténgala firmemente con una venda (el vendaje debe ser firme, pero no ajustado). El objetivo es parar la hemorragia.
- Heridas profundas en el pecho:
  – Evite que el aire entre a través de la herida (si no se hace, el pulmón se puede colapsar, es decir, queda comprimido y la respiración sería imposible).
  – Sostenga con firmeza una gasa sobre la herida. Puede usarse un cinturón alrededor del tórax para mantener la herida cerrada. Tenga cuidado de poner la venda alrededor del tórax lo suficientemente ajustada para que no interfiera con la respiración normal.

RECUERDE

- Limpiar la herida primero con agua y jabón. Pude ayudarse de una gasa (no de algodón, ya que suelta «pelillos» en la herida). Después hay que limpiar con antisépticos locales.
- En casos de hemorragia abundante, comprimir la vena o arteria para disminuir la hemorragia hasta que los servicios sanitarios acudan al lugar. Se usará una gasa o en su defecto un trozo tela o de ropa limpio.

SABÍA USTED QUE...

- En heridas por abrasión, cuando se comienza a curar no se deben arrancar las costras. Si se arrancan se retrasa la curación y es posible que quede cicatriz.
- Si la herida presenta signos de inflamación, es decir, está tumefacta y enrojecida o supura pus u otros líquidos, consulte con su médico. Puede existir una infección que requiera tratamiento adicional.
- En una herida por arma blanca en el tórax o en el abdomen, si la víctima lleva clavada el arma, no la quite. Si lo hace, puede dañar más estructuras o provocar un mayor sangrado. Espere a que lleguen los servicios sanitarios de urgencias.

CUESTIONARIO

1. **No es un antiséptico local (para prevenir la infección de una herida):**
   a) Povidona yodada.
   b) Gluconato de clorhexidina.
   c) Mercurocromo.
   d) Alcohol puro (de 90º).

2. **En una herida profunda por arma blanca en el tórax:**
   a) Quite rápido el arma, antes de que haga más daño.
   b) No quite el arma ni la mueva. Evite que el aire entre a través de la herida y el sangrado. Para ello apriete con firmeza una gasa sobre la herida.
   c) Si están cerca de un hospital, vayan corriendo para llegar antes.
   d) Meta hacia dentro el arma para cortar el sangrado.

3. **Si al curar una herida encuentra una costra, lo mejor es:**
   a) Dejarla, pues cicatrizará mejor y curará antes.
   b) Quitarla, ya que no llegará el antiséptico a la herida.
   c) Aplicar encima crema hidratante para que reblandezca.
   d) Sujetarla con esparadrapo.

4. **Ante una intensa hemorragia, nunca deberá:**
   a) Tumbar al herido y elevar el miembro, de manera que esté a mayor altura que el corazón.
   b) Apretar con un elemento limpio (como una gasa) la herida, para evitar el sangrado.
   c) Tranquilizar al herido.
   d) Aplicar un torniquete lo más rápido que pueda.

LESIONES EN HUESOS Y ARTICULACIONES

LUXACIONES

Una luxación es una lesión traumática de una articulación, en la cual se desencajan totalmente las superficies articulares.

En la subluxación, no se desencajan completamente las superficies articulares.

Síntomas

DOLOR

Desde el inicio es muy intenso, con sensación de desgarro profundo y mareo (por el dolor). Luego el dolor tiende a disminuir de intensidad, pero se exacerba violentamente al menor intento de movilizar la articulación. Se genera un espasmo muscular intenso e invencible, que hace imposible todo intento de reducción (volver a colocar correctamente la articulación).

IMPOTENCIA FUNCIONAL

La articulación no puede realizar su función, por lo que el movimiento resulta imposible.

DEFORMIDAD

Debido a que los huesos están mal colocados y por la inflamación, aumenta el volumen.

Primeros auxilios

- La reducción de cualquier luxación debe ser realizada con carácter de urgencia, por lo que inmediatamente se debe proceder al traslado a un centro médico.
- Mientras se procede al traslado, se debe inmovilizar de forma adecuada la articulación: mantener el miembro en la posición que resulte menos dolorosa, apoyándola en elementos blandos, como almohadas o ropa.

ESGUINCES

Los esguinces son lesiones muy comunes en nuestra sociedad. Es una torcedura o distensión de una articulación (sin luxación) que puede llegar a la rotura de algún ligamento o fibras musculares próximas. Se produce por un mecanismo agudo e indirecto (no hay traumatismo directo sobre la articulación) que provoca la distensión de los ligamentos, sobrepasando sus limites funcionales.

Favorecen la aparición de esguinces la actividad física, el bajo tono muscular (estar relajado), alteraciones anatómicas (deformidades, cojera...) o el tipo de calzado (como el tacón alto de aguja).

Síntomas

- Dolor tanto a la palpación como al moverlo.
- Tumefacción (inflamación).
- Contracturas debido al dolor.
- Incapacidad para realizar ciertos movimientos.
- Inestabilidad articular (la articulación no está «sujeta») en el esguince de 2º y 3º grado.
- Puede llegar a afectar a otras estructuras que se encuentran cerca de la articulación, como los tendones, huesos, nervios o vasos sanguíneos, dependiendo de la gravedad del esguince. Hay hematoma cuando se produce rotura de vasos sanguíneos.

Clasificación de los esguinces

1º GRADO

Una discreta distensión de la articulación provoca pequeños traumatismos en el ligamento. La estabilidad de la articulación se mantiene prácticamente íntegra.

2º GRADO

Se produce un mayor estiramiento de las fibras, produciéndose rotura parcial del ligamento. Al permanecer indemnes algunas fibras persiste cierto grado de estabilidad.

3º GRADO

Hay rotura total del ligamento. Se produce inestabilidad articular total.

Primeros auxilios

Los primeros auxilios son importantes en los esguinces para evitar la inflamación, el dolor y un empeoramiento del daño ya producido.

- Independientemente de lo que hagamos es indispensable acudir a un centro médico para que a través de un examen radiológico y clínico se determine la gravedad y el tratamiento adecuado.
- Mientras se procede a la valoración por el médico:
  - –Colocar hielo en la zona para disminuir la inflamación. El hielo debe ir envuelto en una bolsa o trapo para que no este en contacto directo con la piel. Se pondrá durante 20 minutos cada 3-6 horas.
  - –Vendaje de contención flexible pero no elástico para contener la inflamación.
  - –Colocar el miembro en posición de declive (45° por encima de la horizontal).
  - –Reposo: no apoyar o movilizar la articulación dañada.

FRACTURAS

Consisten en la ruptura total o parcial de un hueso, por lo general a causa de un golpe fuerte o una caída violenta.

Tipos de fracturas

- Completa: es la fractura que divide el hueso en dos o más fragmentos, ya que se rompe en todo su espesor.
- Incompleta: cuando la línea de la fractura se inicia en una superficie del hueso, pero se detiene antes de llegar a la opuesta. Es decir, que éste queda unido por una de las superficies del hueso.
- Doble: es la fractura de dos huesos de un segmento compuesto como en el antebrazo, formado por el cúbito y radio, o en la pierna por la tibia y el peroné.
- Sencilla: cuando sólo rompe uno de los huesos de un miembro.
- Abierta: cuando hay solución de continuidad en la piel, es decir, el hueso rompe músculo o piel, y se presenta al ambiente a través de una herida.
- Cerrada: cuando sólo se produce la ruptura del hueso, quedando intactos los tejidos blandos como la piel.
- Conminuta: cuando hay dos o más fragmentos óseos.
- Con desplazamiento: es una fractura completa, en la cual los extremos del hueso no se enfrentan y quedan separados.

Síntomas

● Dolor: cuando sólo se presenta este síntoma, los riesgos de fractura son menores. Suele ser muy intenso, tanto en reposo como con los movimientos o la palpación.

● Incapacidad funcional: la región fracturada no puede moverse porque origina dolor intenso.

● Deformidad: alteración en la forma externa de la región lesionada, por angulación o acortamiento, ocasionados por la desviación de los fragmentos del hueso roto.

● Espasmo muscular alrededor del punto de la lesión.

● Tinte azulado de la piel en el sitio de la lesión días después del trauma (debido al derrame producido por la rotura de vasos sanguíneos).

● Crepitación palpable al rozar entre sí los fragmentos del hueso. A veces también es audible sin palpar (ruido parecido al de pisar nieve).

Primeros auxilios

Es importante proporcionar los primeros auxilios a un accidentado con una fractura, sin olvidar otros trastornos que pueden poner en peligro su vida (observar su estado general y sus signos vitales).

● Descosa o rasgue la ropa, para evitar el dolor y evitar empeorar la lesión al tratar de quitársela.

● Si sospecha una fractura, traslade a la víctima a un centro asistencial o llame a una ambulancia.

● No modifique la posición en la que se encuentra el miembro afectado, porque pueden generar daños mayores como ruptura de vasos sanguíneos, venas y otros tejidos, causando gran dolor y hemorragia.

● Si se presenta hemorragia, levante el miembro lesionado después de inmovilizarlo y haga presión sobre la arteria que corresponda a la zona (en fractura de pelvis o fémur puede haber una pérdida considerable de sangre).

● En caso de fractura abierta atienda la herida y cúbrala con material limpio o estéril.

● Para trasladar a la víctima, inmovilice el área lesionada con un cabestrillo, con férulas o con algo adecuado (tablillas, cartones, etcétera) que pueda improvisar si no cuenta con equipo completo. Para fabricar un cabestrillo:

    –Necesitará elementos para amarrar como tiras de tela, corbatas o pañuelos.

–Acolchone el material rígido con toallas o algodón, para evitar lastimar las articulaciones.

–Inmovilice la fractura colocando el material rígido por encima y debajo de la articulación, abarcándola en su totalidad.

–Los nudos para sujetar la inmovilización deben quedar orientados hacia el mismo lado.

–No amarre sobre la fractura.

- Después de realizar la inmovilización, vigile la temperatura del miembro, el color y la hinchazón. Controle el pulso por debajo del área inmovilizada. Si el miembro se enfría, se pone de color azulado o el pulso desaparece (o debilita), afloje la inmovilización.

CASOS ESPECIALES

Fractura de columna vertebral

Existe sospecha de fractura de columna cuando después de un traumatismo el síntoma más notorio es el dolor en cuello o espalda. Si la médula espinal se ha lesionado, se presenta disminución de la sensibilidad, hormigueo o disminución de la fuerza en alguna parte del cuerpo (sobre todo en miembros superiores o inferiores).

Una fractura vertebral se puede desplazar, estrechando y anulando el canal medular, seccionar la médula y provocar una parálisis por debajo de la lesión.

Los factores más importantes al tratar estas fracturas son proteger e inmovilizar, para no causar aún más daños a la víctima. Antes de movilizar y trasladar al lesionado con férula, tabla u otro elemento, controle otras emergencias como la dificultad respiratoria y la hemorragia.

El traslado deberá hacerse teniendo siempre en cuenta las siguientes precauciones:

- Evite movimientos innecesarios y sólo movilice a la víctima cuando cuente con el número de personas que asegure un movimiento en bloque adecuado.

- Mantenga a la persona acostada sobre el suelo y busque una tabla o plano duro que permita trasladarla en bloque, manteniéndola totalmente horizontal con el cuello inmovilizado. Proteja la tabla o el plano duro con una sábana o prenda blanda.

- Coloque a la víctima boca arriba sobre la tabla. Esta acción debe efectuarse mínimo entre cuatro personas: una para sostener la cabeza y el cuello, la segunda para el tórax, la tercera para la pelvis y la cuarta para los miembros inferiores, todas manteniendo una perfecta nivelación. Amarre las manos de la víctima sobre el tórax.

● Inmovilice a la víctima sobre la tabla empleando tiras de tela o corbatas. No administre ningún estimulante y abríguela bien.

● Si el cuero cabelludo del lesionado sangra, aplique un apósito o tela limpia para detener la hemorragia, sin hacer presión, porque si hay fractura se agrava la lesión interna.

La *fractura de cuello* es un tipo de fractura de columna vertebral especialmente frecuente. Se da entre los nadadores (al lanzarse al agua) y en accidentes automovilísticos. Realice los siguientes pasos: acueste a la víctima sobre la espalda. No mueva su cabeza, ni permita que ella la mueva. Coloque a ambos lados de la cabeza sacos de arena u otros soportes. Inmovilice el cuello, por ejemplo enrollando un periódico o una revista en un vendaje triangular para amarrarlo alrededor del cuello.

Fractura de cráneo

Normalmente existe pérdida total o parcial del conocimiento, pulso rápido y débil o sumamente lento, pupilas dilatadas o desiguales, pérdida de sangre por los oídos, boca o nariz, alteración de la respiración, vómitos u otros signos que muestran afectación de los huesos del cráneo o del cerebro.

Es preciso transportar de inmediato al paciente a un centro asistencial, acostado y evitándole cualquier movimiento:

● Coloque a la víctima en posición cómoda con la cabeza hacia un lado, para evitar asfixia por vómito. En caso de sangrado por un oído, colóquelo de ese lado con un paño bajo la cabeza.

● Inmovilice la cabeza colocando a ambos lados bolsas de arena, ladrillos u otros dispositivos.

● Lleve a la víctima inmediatamente a un centro asistencial.

Fractura de mandíbula

Pídale a la víctima que cierre la boca, tratando de que los dientes inferiores hagan contacto con los superiores.

Coloque un vendaje doblado en forma de corbata por debajo del mentón y amárrelo en la parte superior de la cabeza, pasándolo por delante de las orejas.

Fractura de clavícula

Coloque el brazo sobre el pecho, con la mano en dirección contraria al hombro lesionado. Ponga un cabestrillo utilizando lo que tenga a la mano (pañoleta, cinturón, corbata, camisa...).

Fractura de brazo

Flexione el antebrazo sobre el pecho. Coloque un trozo de algodón o tela doblada debajo de la axila, para protegerla. Ponga el material que utilizará para inmovilizar en la parte externa del brazo. Amarre en la parte superior e inferior de la fractura. Sostenga el antebrazo con un cabestrillo.

Fractura de codo

Inmovilice la fractura en la posición que encontró la fractura. Si el brazo está flexionado coloque un cabestrillo. Si está en extensión coloque férulas.

Fractura de antebrazo

Coloque dos férulas, una externa en forma de L, desde el hombro hasta la iniciación de los dedos. Otra interna, desde el pliegue interno del codo hasta los dedos.

Amarre las férulas con cuatro tiras de tela: en la parte superior al nivel de la axila, por encima del codo, por debajo del codo y en la muñeca. Coloque un cabestrillo de tal manera que la mano quede más alta que el codo.

Fractura de mano

Coloque una almohadilla sobre la palma de la mano y la muñeca. Coloque una férula o tabla, desde el codo hasta la punta de los dedos. Amarre la férula o tabla.

Fractura de fémur

Acueste a la víctima sobre su espalda. Coloque dos férulas, una desde la axila hasta el tobillo (no olvide proteger la axila y el tobillo con una espuma o algodón para evitar lesiones). Otra desde la ingle hasta el tobillo. Amarre con varias tiras de tela.

Fractura de rodilla

Acueste o siente a la víctima. Coloque la férula por debajo de la pierna, desde la parte inferior de la región glútea hasta el talón. Amarre con cuatro bandas.

Fractura de pierna

Coloque dos férulas, una en la parte interna y otra en la externa, desde la ingle hasta el tobillo. Proteja el tobillo y la rodilla con algodón, espuma o pañuelos.

Amarre con cuatro bandas, corbatas, pañuelos o tiras de tela.

Fractura de tobillo y pie

Si el zapato de la víctima es plano, no lo retire para que inmovilice la fractura. Haga una férula en L que cubra el pie y la parte inferior de la pierna. En caso de que no cuente con férulas o tablas, puede inmovilizar el tobillo y el pie con una almohadilla, abrigo u otro elemento.

RECUERDE

- Ante un esguince, mientras se procede a la valoración por el médico, se debe proceder de la siguiente manera: hay que colocar hielo en la zona envuelto en una bolsa o trapo durante 20 minutos cada 3-6 horas. Vendaje de contención flexible y dejar el miembro en posición de declive y reposo.
- Si sospecha una fractura, no modifique la posición en la que se encuentra el miembro afectado, si se presenta hemorragia levante el miembro lesionado después de inmovilizarlo y haga presión sobre la arteria. En caso de fractura abierta cúbrala con material limpio o estéril. Para el traslado, inmovilice el área con un cabestrillo o con férulas.

SABÍA USTED QUE...

- ¿Por qué los jóvenes tienen con frecuencia esguinces y los ancianos fracturas? La incidencia de esguinces es mayor en jóvenes y mujeres porque son más laxos. En los ancianos es más frecuente que se produzcan fracturas porque los huesos son más frágiles y se rompen antes que los ligamentos.
- Cual es la localización más frecuente de...
  - Los esguinces: articulación del tobillo, articulación de los dedos de la mano, columna cervical y articulación de la rodilla.
  - Las luxaciones: el hombro con mucha diferencia.
  - Las fracturas: el antebrazo.

CUESTIONARIO

1. **Ante sospecha de fractura en la columna vertebral:**
   a) Coloque a la víctima sentada en espera de ayuda.
   b) Hágale moverse continuamente para así comprobar que no pierde fuerza.
   c) No mueva a la víctima del suelo, debe permanecer en una superficie dura en espera de ayuda. Si es imprescindible, muévala en bloque.
   d) Gírele el cuello para comprobar si está fracturado.

2. **Señale lo que no sea correcto:**
   a) Las fracturas son más frecuentes en los ancianos.
   b) Los esguinces son más frecuentes en los jóvenes.
   c) Las fracturas más frecuentes se dan en el antebrazo.
   d) Las luxaciones más frecuentes se dan en el codo.

3. **Si sospecha fractura en una clavícula:**
   a) Coloque el brazo sobre el pecho con la mano en dirección contraria al hombro lesionado y ponga un cabestrillo.
   b) Deje el brazo caído a lo largo del cuerpo y sujételo con una venda.
   c) Sujete con el brazo contrario el hombro para que no se mueva.
   d) Coloque una férula en L en la zona externa del hombro y brazo.

4. **¿Qué es una luxación?**
   a) Una luxación es una lesión traumática de una articulación, en la cual se desencajan totalmente los huesos de la articulación.
   d) Una luxación es una lesión traumática de una articulación, en la que no se desencajan completamente los huesos de la articulación.
   c) Una distensión de un ligamento tras un traumatismo.
   d) Una distensión de un tendón tras un traumatismo.

VENDAJES

INTRODUCCIÓN

Los vendajes son las ligaduras o procedimientos hechos con tiras de lienzo u otros materiales con el fin de envolver una extremidad u otras partes del cuerpo humano lesionadas.

Las vendas varían en el tamaño y en la calidad del material.

Las más utilizadas son las vendas de gasa orillada, de gasa *kling*, de muselina, elástica y enyesada.

En primeros auxilios se usan especialmente en heridas, hemorragias, fracturas, esguinces y luxaciones.

El vendaje se utiliza para:

- Sujetar apósitos.
- Presionar para cortar una hemorragia.
- Fijar entablillados.
- Fijar articulaciones.

VENDAS

De rollo

Existen en diferentes materiales como algodón, elástico, semielástico y otros como la venda de yeso.

Según la zona lesionada, se usará distinto tamaño: una venda angosta se utilizaría para envolver una mano o una muñeca, mediana para un brazo o tobillo y ancha para la pierna.

Triangular

Como su nombre indica, su forma es de triángulo.

Generalmente son de tela resistente y su tamaño varia de acuerdo con el sitio que vaya a vendar.

La venda triangular tiene múltiples usos: con ella se pueden realizar vendajes en diferentes partes del cuerpo utilizándola como cabestrillo, doblado o extendido.

TIPOS DE VENDAJES

Cabestrillo

Se utiliza para sostener la mano, brazo o antebrazo en caso de heridas, quemaduras, fracturas, esguinces y luxaciones.

PROCEDIMIENTO

Colocar el antebrazo de la víctima ligeramente oblicuo, es decir que la mano quede más alta que el codo. Desde detrás de la víctima coloque la venda triangular extendida. Lleve el extremo inferior de la venda hacia el hombro del brazo lesionado. Amarre los dos extremos de la venda con un nudo hacia un lado del cuello (del lado del lesionado). Deje los dedos descubiertos para controlar el color y la temperatura.

Vendaje espiral

Se utiliza generalmente en extremidades. Se usa para sujetar gasa, apósitos o férulas y para inmovilizaciones en brazo, antebrazo, mano, muslo y pierna.

Se emplea una venda elástica o semielástica, porque puede adaptarse a la zona que se va a vendar. Evite vendar una articulación en extensión, porque al doblarlo dificulta su movimiento. De ser posible, que no cubra los dedos de las manos o de los pies.

PROCEDIMIENTO

La ejecución de un vendaje perfecto exige un entrenamiento previo, a continuación se indican los puntos que deben regir la ejecución de un vendaje:

• Se colocará la zona a vendar más cómoda para el socorrista, procurando que el área afectada no esté en contacto con ninguna superficie y evitando además posiciones peligrosas para el accidentado. Se utilizarán vendas de tamaño adecuado a la zona que debe vendarse y durante la ejecución del vendaje se cubrirán con algodón los salientes óseos y las cavidades naturales, como axilas o ingles.

• Antes de iniciar el vendaje, se colocará la zona afectada en la posición en la que debe quedar una vez vendada.

• El vendaje se iniciará con la venda ligeramente oblicua al eje de la extremidad, dando dos vueltas circulares perpendiculares al eje (entre

Vendaje en cabestrillo

las que se introducirá el inicio de la venda). La venda cubre después el 2/3 de la vuelta anterior y se sitúa algo oblicua al eje de la extremidad.

• Siempre iniciará el vendaje por la parte más distal, dirigiéndose hacia la raíz del miembro, es decir, desde la parte más distante del corazón en dirección a la circulación venosa (si el vendaje es en el brazo comience por la mano hasta llegar al codo o axila, según sea necesario). Con ello se pretende evitar la acumulación de sangre en la zona separada por el vendaje. Se vendará de izquierda a derecha, facilitando la labor del socorrista.

• El núcleo o rollo se mantendrá en la parte más próxima al socorrista. No se debe desenrollar de manera excesiva la venda.

• El vendaje debe ser aplicado con una tensión homogénea, ni muy intensa ni muy débil. El paciente bajo ninguna circunstancia después de haber terminado el vendaje debe sentir hormigueo en los dedos, notarlo frío o apreciar un cambio de coloración en los mismos.

• El vendaje se termina también con 2 vueltas circulares perpendiculares al eje del miembro.

• El extremo final de la venda se puede sujetar por distintos sistemas:
  –Con un imperdible o un esparadrapo.
  –Cortando la venda por la mitad y uniendo los extremos mediante un nudo.
  –Doblando la venda hacia atrás en dirección opuesta a la que se llevaba. Cuando se llega al punto en el que se ha realizado el doblaje, se hace un nudo con el cabo suelto de la venda.
  –Utilizando un ganchito especial para este fin.

• Sólo se darán las vueltas precisas; la venda sobrante será desestimada.

Vendaje espiral con doblez

Se utiliza en el antebrazo o pierna. Se inicia con dos vueltas circulares para fijar el vendaje. Se dirige la venda hacía arriba como si se tratara de un espiral. Se coloca el pulgar encima de la venda, se doble ésta y se dirige hacia abajo y detrás. Se da la vuelta al miembro y se repite la maniobra anterior, se termina el vendaje mediante dos circulares.

Vendaje circular

Se usa para fijar el extremo inicial y final de una inmovilización, para fijar un apósito (en la frente, miembros superiores e inferiores), para controlar hemorragias y para iniciar y / o finalizar un vendaje.

Se superpone la venda de forma que tape completamente la anterior.

Vendaje circular y vendaje en ocho

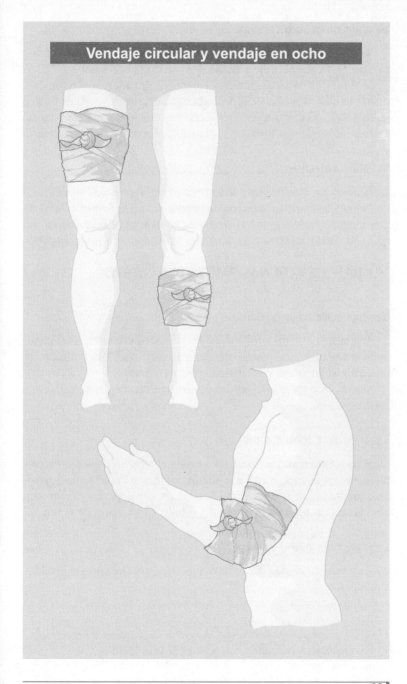

Vendaje en ocho o tortuga

Se utiliza en las articulaciones (tobillo, rodilla, hombro, codo, muñeca...), ya que permite a éstas tener una cierta movilidad.

Se coloca una articulación ligeramente flexionada y se efectúa una vuelta circular en medio de la articulación. Se dirige la venda de forma alternativa hacia arriba y después hacia abajo, de forma que en la parte posterior la venda siempre pase y se cruce en el centro de la articulación.

Vuelta recurrente

Se usa en las puntas de los dedos, manos o muñones de amputación.

Después de fijar el vendaje con una vuelta circular se lleva el rollo hacia el extremo del dedo o muñón y se regresa hacía atrás. Se hace doblez y se vuelve hacia la parte distal. Finalmente, se fija con una vuelta circular.

VENDAJE DE ALGUNAS PARTES DEL CUERPO

Vendaje para codo o rodilla

Con la articulación semiflexionada, se efectúan dos vueltas circulares en el centro de ésta, para posteriormente, proseguir con cruzados en 8, alternos sobre brazo y antebrazo, o pierna y muslo.

Al realizar este tipo de vendaje no se debe inmovilizar totalmente la articulación.

Vendaje para tobillo o pie

Se comienza con dos circulares a nivel del tobillo. Luego se procede a efectuar varias vueltas en 8 que abarquen alternativamente pie y tobillo, remontando de la parte distal hacia la proximal, para terminar con dos vueltas circulares a la altura del tobillo y la fijación de la venda.

Vendaje para mano y dedos

Se inicia este vendaje haciendo dar dos vueltas circulares al nivel de la muñeca.

Se lleva la venda hacia el dedo, donde se efectúan 2 recurrentes, que son fijadas con dos circulares a nivel del dedo. Para terminar la operación, varias espirales en 8 entre el dedo y la muñeca, para finalmente acabar con dos circulares de fijación al nivel de la muñeca.

Vendajes para mano y pie

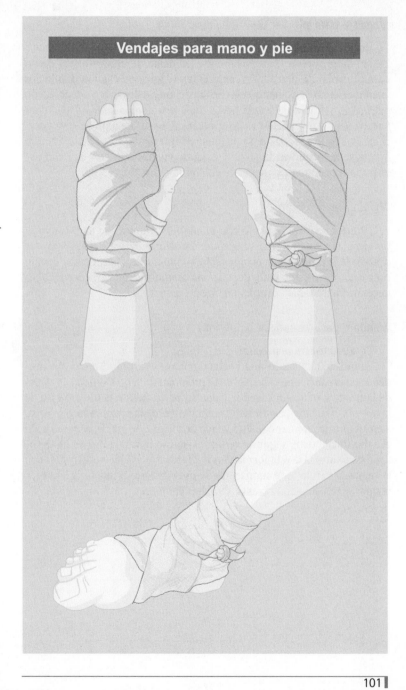

Vendaje para pie

Recibe el nombre de zapatilla.

No debe apretarse excesivamente (se dejan descubiertos los dedos para controlar de circulación sanguínea). Se inicia en el talón dando dos vueltas circulares siguiendo el reborde del pie, al llegar al 5º dedo (dedo pequeño), se dirige la venda hacia abajo por debajo de los dedos para hacerla salir a nivel del 1º dedo (pulgar). A partir de aquí se lleva hacia el talón, al que se rodea para dirigirse de nuevo al quinto dedo. De esta forma, se va ascendiendo por el pie dando vueltas en forma de ocho y se termina mediante dos vueltas circulares la altura del tobillo.

Vendaje para el ojo

Primero se protege el ojo con un apósito. Después se dan dos vueltas circulares en la frente sujetando el borde superior del apósito y se desciende la venda hacia el ojo afectado. Tapar éste y pasarla por debajo de la oreja del mismo lado. Repetir esta maniobra tantas veces como sea necesario para tapar completamente el ojo.

Vendaje para la cabeza (capelina)

Para efectuarlo se precisan dos vendas.

Se inicia efectuando una vuelta circular en sentido horizontal alrededor de la cabeza. Se coloca el cabo proximal de la otra venda a la altura de la frente y se dirige la venda hacía atrás, siguiendo la línea media de la bóveda craneana hasta encontrarse al nivel de la otra venda. Se vuelve a efectuar una circular con esta venda de modo que quede aprisionando el cabo inicial de la segunda venda, así como la venda que se ha deslizado hacia atrás.De esta forma se van efectuando vueltas recurrentes con la segunda venda, que se fijan mediante vueltas circulares con la otra venda. Se termina con otras dos vueltas circulares.

RECUERDE

- El vendaje se utiliza para: sujetar apósitos, presionar para cortar una hemorragia, y fijar entablillados y articulaciones. En una extremidad se utiliza generalmente el vendaje en espiral. En otras partes del cuerpo (cabeza, manos, articulaciones...) la técnica cambia.
- La ejecución del vendaje en espiral es: colocar la zona a vendar cómoda para el socorrista y cubrir con algodón los salientes óseos y las cavidades naturales. La zona afectada se colocará en la posición en la que debe quedar una vez vendada. El vendaje se iniciará, con la venda ligeramente oblicua al eje de la extremidad, dando dos vueltas circulares perpendiculares al eje (entre las que se introducirá el inicio de la venda). La venda cubre después 2/3 de la vuelta anterior y se sitúa oblicua al eje de la extremidad. Siempre iniciará el vendaje por la parte más distal, dirigiéndose hacia la raíz del miembro. El vendaje debe ser aplicado con una tensión homogénea, ni muy tensa ni muy débil. El vendaje se termina también con 2 vueltas circulares.

SABÍA USTED QUE...

- Venda viene del latín *benda*, que significa banda. De hecho en algunas lenguas latinas comienza por B, como en italiano, *benda*, o en francés, *bande / bandage*. También es similar en lenguas no latinas, como el alemán, *binde*, o el inglés, *bandage*. Sin embargo en español evolucionó de forma diferente.
- Hace miles de años se practicaron los primeros vendajes de cuerpo entero. Además, el vendaje permanecía en el cuerpo durante cientos de años. Por supuesto, se trata de las momias. El vendaje, que ayudaba a la momificación (desecar el cuerpo para evitar que entrara en el proceso de putrefacción), no lo realizaban médicos, sino los sacerdotes egipcios.

CUESTIONARIO

1. **El vendaje en espiral (para una extremidad), conviene iniciarlo por:**
   a) La parte más distal (alejada del tronco).
   b) La parte más próxima al tronco.
   c) Indistintamente por la parte más próxima o más alejada.
   d) Por el centro, para después alejarse hacia la parte más distal y después volver a la más cercana.

2. **El extremo final del vendaje en espiral se puede sujetar por distintos sistemas, salvo por:**
   a) Con un imperdible o un esparadrapo.
   b) Cortando la venda por la mitad y uniendo los extremos mediante un nudo.
   c) Doblando la venda hacia atrás en dirección opuesta a la que se llevaba. Cuando se llega al punto en el que se ha realizado el doblaje, se hace un nudo con el cabo suelto de la venda.
   d) Pegamento para neumáticos de bicicletas.

3. **El vendaje en cabestrillo, debe hacer todo lo siguiente, salvo:**
   a) Colocar el antebrazo de la víctima ligeramente oblicuo, es decir que la mano quede más alta que el codo.
   b) Debe de cambiarse cada dos horas para evitar que la circulación sanguínea se corte.
   c) Amarre los dos extremos de la venda con un nudo hacia un lado del cuello (del lado del lesionado).
   d) Deje los dedos descubiertos para poder controlar el color y la temperatura.

4. **El vendaje en ocho se utiliza para:**
   a) Inmovilizar algunas articulaciones.
   b) Las fracturas de los dedos de la mano.
   c) Los esguinces de tobillo.
   d) No existen los vendajes en ocho.

HEMORRAGIAS EXTERNAS

INTRODUCCIÓN

Una hemorragia es la pérdida de sangre debida a rupturas en la pared de los vasos sanguíneos (por traumatismos, heridas, etcétera). Las rupturas de vasos del cuello o de los miembros pueden ocasionar una hemorragia severa y llevar a la muerte al paciente en 1-3 minutos.

En la hemorragia externa el sangrado se producirá hacia el exterior, pudiendo precisarse perfectamente al ver la sangre. Las causas son múltiples, cualquiera capaz de producir un traumatismo externo y provocar la ruptura de un vaso sanguíneo que vierte su contenido al exterior, como accidentes de trafico, caídas, puñetazos, heridas por armas, fracturas, etcétera.

SIGNOS Y SÍNTOMAS

Dependen fundamentalmente del tipo de hemorragia y de la cantidad de sangre perdida. El primer signo es la hemorragia.

Si el sangrado es importante:

- Piel pálida y sudorosa.
- Temperatura por debajo de lo normal.
- Pulso rápido e irregular.
- Desmayo (sensación de mareo, disminución del nivel de consciencia, incluso pudiendo llegar a la pérdida de ésta).
- Deshidratación, debido a la pérdida de sangre.
- Respiración fuerte o rápida.
- Estado de ansiedad.
- *Shock*, es decir, el flujo sanguíneo bajo dentro de los vasos hace que la tensión arterial sea muy baja y por tanto los órganos vitales (corazón, riñón, hígado...), que necesitan un importante aporte de sangre, pueden dejar de realizar adecuadamente su función.

PRIMEROS AUXILIOS

- Valorar si se debe llamar a los servicios sanitarios, en función de la cuantía (llamar si es muy abundante, aunque la cantidad es difícil de valorar, debido a que al ser un líquido rojo pronto aparenta ser una cantidad copiosa) o la localización (se debe llamar siempre si el sangrado procede del cuello, tórax o abdomen).

MEDIDAS GENERALES SI EL SANGRADO ES IMPORTANTE

- Tranquilizar al lesionado y abrigarlo.
- Chequear los signos vitales (mantener ventilación).
- Inmovilizar la zona si es necesario.
- Acostar a la persona afectada. Si es posible, la cabeza debe estar más abajo que el tronco o las piernas, para aumentar el flujo sanguíneo al cerebro. Si la herida se encuentra en una extremidad, conviene elevar el sitio de sangrado para disminuir el flujo sanguíneo.
- Si está muy afectado levantar los miembros inferiores.
- No darle nada por vía oral (si la víctima está consciente se le puede dar de beber líquidos).
- Trasladarlo al centro asistencial más cercano.

MEDIDAS PARA CORTAR EL SANGRADO

- Limpiar cuidadosamente la herida que sangra.

Compresión local

Es el método más práctico para detener una hemorragia: se cubre la herida con gasa o tela limpia y se hace compresión con la mano de manera firme y sostenida. Mantener presión hasta que pare el sangrado y cuando éste pare, envolver la herida con un vendaje compresivo.

Si continúa sangrando, ponga más gasa u otra tela limpia sin quitar la anterior y continúe presionando.

- Si el sangrado no para con la presión directa se puede intentar la compresión arterial directa en el vaso que irriga la zona lesionada: en primer lugar debe localizarse por palpación el pulso de la arteria correspondiente y después ejercer una compresión firme y constante con los dedos o con el puño.
- Si el sangrado continúa o vuelve a aparecer, a pesar de que la cantidad no sea mucha, es necesario acudir a un centro médico.

Torniquete

- Si la hemorragia se debe a amputación o trituración de la extremidad se deberá colocar un torniquete que cada 20 minutos se debe aflojar.
- Vigile el torniquete constantemente hasta que se se realice el traslado al hospital.

CONTROL Y COMPRESIÓN ARTERIAL DIRECTA

Hemorragia en la frente o en la cabeza

Hemorragia en la frente: La presión se ejercerá sobre la arteria que pasa delante de la oreja (arteria temporal).

Hemorragia en la mejilla: Se detienen haciendo presión sobre la arteria que pasa sobre la depresión lateral de la mandíbula (arteria facial).

Hemorragia en el cuello

La opresión se ejercerá sobre la arteria carótida, situada en los laterales de la tráquea, entre ésta y el músculo externocleidomastoideo (el músculo situado a continuación de la tráquea). Se presiona en dirección hacia la nuez.

Hemorragia por debajo del brazo o en las manos

La presión se ejercerá sobre la arteria humeral, localizada en la parte anterior del brazo.

Hemorragia en el muslo y en la pierna

Se detienen presionando la arteria femoral, que se localiza a la altura de la ingle.

EPISTAXIS

La epistaxis es la hemorragia provocada por el rompimiento de los vasos que riegan la mucosa nasal. La causa más frecuente de sangrado nasal es el traumatismo nasal, aunque hay otras, como las rinitis (inflamación de la mucosa nasal) o el catarro, cuando existe fiebre o en época de primavera, debido a que la mucosa nasal se reseca. Normalmente son fáciles de detener ya que se localizan en la zona anterior de la nariz y no tienen apenas significación, aunque hay ocasiones, debidas a alteraciones de la coagulación o a hipertensión arterial, que pueden ser difíciles de cortar.

Primeros auxilios

● Siente a la persona con la cabeza inclinada hacia delante sobre un recipiente. Es necesario que el paciente respire por la boca y evite tragar sangre.

● Comprima ligeramente las aletas nasales hacia el tabique de la nariz durante por lo menos diez minutos. Si la hemorragia no cesa vuelva a comprimir durante otros diez minutos.

● Si no cesa la hemorragia coloque una gasa empapada en agua oxigenada u otra sustancia vasoconstrictora (si dispone de ella) en la fosa nasal que sangra, introduciéndola poco a poco.

● Aplique frío local sobre el lado que sangra, en el cuello o la nuca.

● Si la hemorragia dura más de treinta minutos acuda al centro médico más cercano.

USO DEL TORNIQUETE

Es un medio para obstruir el paso de sangre hacia una extremidad a través de la presión. Se debe utilizar como último recurso (al fallar los otros métodos).

Consiste en una banda o cinta ancha (de seis cm aproximadamente), colocada dos cm por encima de la herida, que al apretarla comprime los vasos.

● Para hacer presión se enrolla una palanca a los extremos anulados y de dan vueltas. Se aplica sólo la presión suficiente hasta que desaparece el pulso arterial de la extremidad.

● Si la compresión es muy fuerte las paredes arteriales pueden traumatizarse y si el tiempo es muy largo ocasionará la muerte de los tejidos de la extremidad (por este motivo es necesario aliviar la presión del torniquete cada diez o quince minutos aproximadamente).

RECUERDE

- Son signos físicos de que el sangrado es importante: piel pálida y sudorosa, temperatura por debajo de lo normal, pulso rápido e irregular, desmayo, deshidratación, respiración fuerte o rápida, ansiedad y *shock*. Ante estos signos, no dude en llamar a una ambulancia o en acudir a urgencias.
- Las medidas de primeros auxilios para cortar un sangrado externo son: limpiar cuidadosamente la herida, compresión local (se cubre la herida con gasa o tela limpia y se hace compresión con la mano), si el sangrado no para con la presión directa se puede intentar la compresión arterial directa en el vaso que irriga la zona lesionada. Si el sangrado continúa o vuelve a aparecer, a pesar de que la cantidad no sea mucha, es necesario acudir a un centro médico. Si la hemorragia se debe a amputación o trituración de la extremidad se deberá colocar un torniquete.

SABÍA USTED QUE...

- La rectorragia es la expulsión de sangre roja por el ano, normalmente por sangrado desde un punto del recto o del colon. Las melenas son heces negras debido a que se ha digerido sangre que proviene de la parte alta del tubo digestivo.
  - −La rectorragia normalmente se debe a procesos con poca importancia, como hemorroides. Aun así es conveniente que consulte con su médico.
  - −Las melenas pueden traducir patologías importantes en el estómago o en el duodeno (úlcera, gastritis...). También pueden deberse a ciertos alimentos, como las espinacas, o medicamentos, como el hierro. En caso de que las heces sean negras, si no hay una causa evidente, debe acudir a urgencias.
- Cuando se sangra mucho y se pierde gran cantidad de sangre, se produce anemia, que es una disminución de la hemoglobina en la sangre, la responsable de transportar el oxígeno. Lo normal es que la hemoglobina sea mayor de doce. Si el sangrado es muy importante puede ser necesario transfundir sangre de otras personas, lo que salva muchas vidas a diario. Por eso son tan importantes las donaciones de sangre: *si usted no es donador de sangre y puede serlo, no lo dude. Puede ayudar a que otras personas vivan.*

CUESTIONARIO

1. **El método más eficaz para cortar un sangrado externo es:**
   a) Aplicar presión directamente en el punto de sangrado con un paño limpio.
   b) Colocar un torniquete.
   c) Meter la extremidad en agua fría.
   d) Apretar la arteria en su trayecto directamente.

2. **Cuando se coloca un torniquete, ¿porqué debe aflojarse periódica mente?**
   a) Para que no haga daño.
   b) Porque si la compresión es muy fuerte las paredes arteriales pueden traumatizarse y si el tiempo es muy largo ocasionará la muerte de los tejidos de la extremidad.
   c) Para ver si el sangrado continúa.
   d) No es necesario aflojar el torniquete.

3. **¿Qué no debe hacer ante una epistaxis?**
   a) Siente a la persona con la cabeza inclinada hacia delante sobre un recipiente.
   b) Si no cesa la hemorragia coloque una gasa bien empapada en agua oxigenada.
   c) Apriete con la lengua el paladar para ayudar a cortar la hemorragia.
   d) Comprima ligeramente las aletas nasales hacia el tabique la nariz durante por lo menos diez minutos.

4. **Al hacer compresión directa para intentar cortar una hemorragia por debajo del brazo, debe de comprimir:**
   a) La arteria humeral, localizada en la parte anterior del brazo.
   b) La arteria femoral, localizada en la parte anterior de la pierna.
   c) La arteria temporal, que pasa delante de la oreja.
   d) La arteria carótida, situada al lado de la tráquea.

HEMORRAGIA INTERNA

INTRODUCCIÓN

El sangrado se produce, pero queda oculto dentro del propio organismo. No es visualizado por el ojo humano, por lo que puede pasar inadvertido y puede traer graves consecuencias, bien porque está lesionado un órgano vital (abdominal, el cerebro, pulmón...) o porque el sangrado es muy difícil de cortar, ya que no resulta accesible.

Se debe sospechar ante todo traumatismo de contusión o impacto fuerte, sobre todo si es en la región abdominal, o ante una traumatismo craneoencefálico con pérdida del conocimiento, pérdida de fuerza o sensibilidad, vómito, convulsión o mareo intenso.

SIGNOS Y SÍNTOMAS

- Sangrado por oídos, nariz, recto, vagina, vómitos o esputos con sangre.
- Contusión en el cuello, cabeza, tórax o abdomen.
- Heridas que han penetrado en el cráneo, tórax o abdomen.
- Traumatismo con dolor abdominal intenso.
- Piel fría, pálida y sudorosa.
- Respiración rápida y superficial, pulso rápido y débil, sensación de intranquilidad. Puede perder la conciencia.
- *Shock*.

PRIMEROS AUXILIOS

- Lo más importante es el tratamiento en el hospital. Es poco lo que se puede hacer en un primer momento y en el lugar de los hechos; por tanto, lo más importante es sospecharlo para proceder de inmediato al traslado del lesionado a un centro asistencial: pedir ayuda urgente para trasladar a la persona a un centro médico.
- Se aplicarán las medidas generales (vistas ya en el anterior capítulo): comprobar la respiración y el pulso, acostar a la persona afectada, elevar las piernas, cubrirlo con un manta...

En este caso, no se puede dar al accidentado ninguna clase de líquidos (por riesgo de sangrado dentro del abdomen).

RECUERDE

- Lo más importante en un sangrado interno es intuir su existencia, porque puede estar lesionado un órgano vital y porque el sangrado es muy difícil de cortar. Se debe sospechar ante un impacto fuerte en el tórax o abdomen, ante un traumatismo craneoencefálico con síntomas acompañantes neurológicos o en cualquier traumatismo fuerte que no presenta una buena recuperación posterior, sobre todo si quien lo ha sufrido padece una enfermedad o toma un tratamiento que faciliten el sangrado.
- Aunque se deben aplicar lar normas generales de cualquier sangrado, lo más importante es el tratamiento en el hospital, ya que es poco lo que se puede hacer en el lugar de los hechos. Pedir ayuda urgentemente para proceder cuanto antes al traslado.

SABÍA USTED QUE...

- Hay determinadas personas que deben tener precauciones especiales debido a que tienen facilidad para sangrar. Bien porque tomen medicamentos anticoagulantes, como el acenocumarol (de nombre comercial Sintrom), que impide una correcta coagulación, o bien porque tengan una enfermedad, como la hemofilia o la cirrosis, en la que la coagulación no es adecuada. Estas personas deben tener cuidado con los traumatismos y tomar medidas especiales en caso de sangrado.
- Una excesiva coagulación no es buena, ya que se pueden formar trombos en arterias importantes, como las del corazón (arterias coronarias) o las del cerebro, provocando infartos en el corazón o en el cerebro. Facilitan la formación de trombos enfermedades como la diabetes, la hipertensión, ser obeso o fumador. Estas personas deben cuidarse y tener un seguimiento médico cercano. Cuando ya ha sucedido un infarto, lo normal es que tomen medicamentos para prevenir la trombosis, como el ácido acetilsalicílico, la ticlopidina o el acenocumarol.

CUESTIONARIO

1. Ante un fuerte golpe en el abdomen, con palidez cutánea, taquicardia, mareo e intensa debilidad, debe sospechar:
   a) Que el dolor es muy intenso y por eso se encuentra así.
   b) Sangrado dentro del abdomen. Proceda cuanto antes al traslado.
   c) Que tiene un estado de nerviosismo intenso.
   d) Nada. Es lo normal tras un traumatismo abdominal.

2. ¿Es conveniente dar líquidos en un sangrado interno?
   a) Sí.
   b) Sólo si está muy pálido o débil.
   c) Sólo bebidas alcohólicas en pequeña cantidad.
   d) Nunca debe darse.

3. En espera de ayuda (de la ambulancia), ¿Cómo debe esperar un accidentado con un probable sangrado interno?
   a) De pie, para subir cuanto antes a la ambulancia.
   b) Boca abajo, para hacer presión en el abdomen (si sospecha sangrado dentro del abdomen).
   c) Tumbado boca arriba y con las piernas en alto.
   d) En cuclillas, para hacer presión en las arterias y cortar el sangrado.

4. Le harían sospechar sangrado interno los siguientes signos, salvo:
   a) Sangrado por los oídos o nariz en caso de traumatismo craneo-encefálico.
   b) Sangrado por recto, vagina o vómitos con sangre tras un traumatismo abdominal.
   c) Contusión intensa en el tórax o abdomen.
   d) Sangrado por la nariz tras un choque jugando al fútbol.

QUEMADURAS

INTRODUCCIÓN

La piel normal cumple funciones de sensibilidad (llegan las terminaciones nerviosas de la sensibilidad), protección del medio ambiente y termorregulación (regulan la temperatura del cuerpo a través del sudor, de la contracción de las pequeñas arterias que llegan para así desprender menos calor...). La pérdida de una parte sustancial de la piel es incompatible con la vida.

La piel tolera la exposición corta a temperaturas hasta de 40° C, pero de allí en adelante el incremento de la temperatura resulta un aumento logarítmico de la lesión de los tejidos y a 70° C, una exposición fugaz ya produce necrosis (muerte de las células) de la epidermis. Los niños y los ancianos se encuentran en desventaja para reaccionar ante una posible fuente de calor: proporcionalmente las quemaduras en los niños son más graves y sus consecuencias pueden generar modificaciones serias en su calidad de vida posterior.

La quemadura grave representa uno de los tipos de agresión biológica más severa que puede sufrir el organismo. Las consecuencias inmediatas de las quemaduras son el dolor, la deshidratación y en ocasiones ponen en peligro la vida porque falla el funcionamiento de algunos órganos vitales y por el permanente riesgo de sepsis (infección generalizada).

La cicatrización, en las etapas tardías, puede dar lugar a terribles deformaciones estéticas y funcionales.

CAUSAS

Las causas más frecuentes de quemaduras graves siguen siendo el contacto accidental con líquidos calientes y el fuego directo.

- *Luz solar*: La exposición prolongada a los rayos solares, en ocasiones aun con protectores solares.
- *Líquidos*: Los líquidos a temperaturas elevadas se distribuyen rápidamente por toda la superficie, ocupa los pequeños espacios y se puede filtrar por las vías respiratorias. Los líquidos grasosos pueden tener una mayor adherencia que los líquidos claros.

- *Vapores y Gases*: Producto de la combustión de distintos elementos. La exposición aguda puede producir quemaduras en las superficies expuestas, vías aéreas, nariz, garganta o bronquios.
- *Fuego directo*: El contacto directo con el fuego puede llegar a producir quemaduras de tercer grado con mucha facilidad.
- *Sustancias químicas*: Son aquellas causadas por ácidos o alcalinos con capacidad cáustica. Si el agente es alcalino, causan quemaduras sobre todo cuando están húmedos (no es conveniente mojarlos).

PROFUNDIDAD DE LA QUEMADURA (GRADOS)

Quemaduras de primer grado (superficial)

Afectan a la epidermis (parte más superficial de la piel).

Presentan enrojecimiento y son levemente dolorosas.

Este tipo de lesión sólo causa un mínimo daño y cicatriza espontáneamente a partir de las estructuras no afectadas. La quemadura típica de primer grado es la quemadura leve de sol.

Quemaduras de segundo grado (espesor parcial)

Afectan a la dermis (capa intermedia de la piel).

Hay enrojecimiento y formación de ampollas.

Son las más dolorosas.

Pueden curar espontáneamente si conservan folículos pilosos y glándulas sebáceas, en caso contrario dejan cicatriz residual.

Quemaduras de tercer grado (espesor total)

Afectan a la piel en toda su profundidad, pudiendo llegar a otros tejidos subyacentes. Las lesiones pueden tener un color carbonizado o gris marmolizado, ser secas y no dolorosas, ya que se afectan las terminaciones nerviosas.

CÁLCULO DE LA SUPERFICIE AFECTADA

Independientemente de su extensión y / o profundidad, se consideran quemaduras críticas todas aquellas que conciernen a cara, pliegues, manos, pies y genitales.

Para calcular la superficie corporal afectada existen distintos métodos, los más empleados son las siguientes:

- *Regla de los 9*, para adultos y niños. Divide la superficie corporal en 9 o múltiplos de 9. Se expresa en porcentajes:
  - –Cabeza: 9 por 100.
  - –Tórax anterior: 9 por 100.
  - –Tórax posterior: 9 por 100.
  - –Abdomen anterior: 9 por 100.
  - –Abdomen posterior: 9 por 100.
  - –Miembro superior: 9 por 100 (brazo: 3 por 100; antebrazo: 3 por 100; mano: 3 por 100).
  - –Miembro inferior anterior: 9 por 100.
  - –Miembro inferior posterior: 9 por 100.
  - –Región genital: 1 por 100.
- *Regla de la palma de la mano*, se realiza el cálculo sabiendo que la palma de la mano equivale al 1 por 100 de la superficie corporal.

SIGNOS Y SÍNTOMAS

- Enrojecimiento de la piel.
- Inflamación.
- Pérdida de los vellos de la piel.
- Dolor.
- Ardor.
- La quemadura solar puede causar dolor de cabeza, fiebre y fatiga.
- Ampollas (quemaduras de segundo grado).
- Piel blanquecina (quemaduras de tercer grado).
- Piel carbonizada o ennegrecida (quemaduras de tercer grado).
- *Shock* cuando la quemadura es grave, con tensión arterial baja, taquicardia, fallo progresivo de órganos vitales...

PRIMEROS AUXILIOS EN UN INCENDIO

Previamente a la atención directa del quemado, se deben tener en cuenta las siguientes indicaciones:

- *Autocontrol*: Controlar el pánico.
- *Autoprotección*: Para ayudar a los demás es necesario protegerse uno mismo. La persona que presta los primeros auxilios tiene que saber protegerse de las llamas, del humo, de los gases tóxicos, de la caída de escombros y de cualquier situación que pueda comprometer su integridad.
- *Reducir la acción del fuego*: Alejar a las personas que puedan correr peligro. Retirar recipientes con materiales inflamables, desconectar los

equipos de ventilación y aire acondicionado, accionar las instalaciones contra incendios. Utilizar de modo adecuado los extintores portátiles. No utilizar agua para apagar el fuego en cercanías de instalaciones de alta tensión.

- *Incendio en un lugar cerrado*: Traslado de la víctima al exterior: entrar gateando y evitar ascensores. Antes de abrir una puerta tocar la manecilla. Cuidado con las superficies de vidrio (pueden estallar). Tratar de quedarse en un lugar cerrado el menor tiempo posible: no sentirse excesivamente seguro ni cometer imprudencias.

- *Que hacer si los vestidos están en llamas*: Para apagar la propia ropa es necesario abrazarse con fuerza al tórax, dejarse caer al suelo y rodar. Para apagar la ropa de otra persona es necesario que esté en el suelo (impedir que corra), envolverla en una manta y hacerla rodar. Si la persona se mantiene en pie, las llamas tenderán a dirigirse hacia la cara e inevitablemente inhalará calor, humo y sufrirá importantes quemaduras faciales.

- *Cómo quitar al herido la ropa quemada*: Delicadamente. Sacar anillos, brazaletes y todo aquello que pueda presionar. La ropa impregnada de líquido hirviendo debe ser quitada inmediatamente y mejor si se ha enfriado previamente.

PRIMEROS AUXILIOS DE UNA QUEMADURA

Quemaduras menores

Quemaduras leves, incluyendo las de segundo grado limitadas a un área menor de cinco a siete centímetros de diámetro:

- Enfriar la zona afectada inmediatamente con agua fría durante diez o veinte minutos o hasta que desaparezca el dolor. Si esto resulta impráctico, sumérjala en agua fría o enfríela con compresas frías (enfriar la quemadura disminuye la hinchazón al absorber calor de la piel). No use hielo para enfriar la herida. Aplicar directamente el hielo a una quemadura puede llevar a su congelación y agravar el daño a la piel.

- Una vez que haya disminuido la sensación de calor de la quemadura, aplique lociones hidratantes. Existen algunas otras pomadas, sprays o soluciones que contienen medicamentos para controlar posibles infecciones (bactericidas), que también son muy prácticas para el tratamiento.

- Cubra la quemadura con un apósito ligero de gasa esterilizada con suficiente pomada o vaselina para que no se adhiera (el algodón suele ser irritante). Envuelva laxamente para no aplicar presión a la piel quemada. El apósito evita que el área quemada tenga contacto con el aire y reduce el dolor. No hacer vendajes apretados, ya que con el edema (hinchazón) producen estrangulación.

- Consulte a su médico. Las quemaduras leves usualmente se curan en una o dos semanas sin tratamiento adicional, pero es necesario buscar signos que sugieran su posible infección (fiebre, dolor o supuración de la herida).

- No se recomienda romper las ampollas. Retirar los restos de piel muerta de éstas mismas y limpiar con jabón y bastante agua suavemente.

Quemaduras mayores

Es imperativo buscar tratamiento médico urgente sin demora. En tanto acuden, realice los pasos siguientes:

- Hable con el paciente para tranquilizarlo y verifique sus constantes (respiración y pulsos).

- Haga correr agua fría o fresca, no helada, por la superficie afectada, durante cuando menos quince minutos.

- No retire la ropa quemada. Puede estar pegada a la piel. Únicamente cerciórese de que la víctima ya no está en contacto con materiales peligrosos.

- Cubra el área quemada tan pronto como le sea posible con gasa estéril o tela limpia, mojados con agua moderadamente fría. Use materiales delgados como gasa o sábanas.

- No permita que rocen las superficies quemadas: cubra los dedos o articulaciones por separado

CONSEJOS DE PREVENCIÓN

En el hogar, las quemaduras suelen producirse generalmente por contacto con líquidos muy calientes (agua, café, aceite...), con el fuego (cocinas, calentadores, estufas...) o con objetos a temperaturas elevadas (planchas, hornos, barbacoas...). Son frecuentes en los niños pequeños.

- Los mangos de las sartenes, cazuelas, etcétera, no deben sobresalir del mueble de la cocina mientras ésta se utiliza.

- Es aconsejable utilizar guantes o manoplas especiales para mover utensilios calientes o manipular dentro del horno.

- Tener cuidado al manejar cerillas o mecheros.

- Mantener los útiles de cocina limpios de aceite para evitar que prendan fuego.
- Proteger aquellas fuentes que irradian calor, en especial para evitar el contacto directo con el anciano (su sensibilidad al calor esta disminuida) o los niños (son más imprudentes).

QUEMADURAS SOLARES

Los síntomas de la quemadura solar usualmente aparecen en las horas siguientes a la exposición e incluyen dolor, enrojecimiento, hinchazón y, a veces, formación de ampollas.

Es frecuente que la exposición abarque una gran área: tenga cuidado con el tratamiento.

Primeros auxilios

- Es útil una ducha con agua fría.
- Si existen ampollas y se rompen, aplique un ungüento antibacteriano a las áreas afectadas.
- Las cremas hidratantes calman los síntomas e hidratan (se pierde agua con la quemadura).
- Tome analgésicos de venta sin receta médica.
- Evite el uso de productos que contengan benzocaína (un analgésico), ya que suelen causar reacciones alérgicas.
- Consulte a su médico si empiezan a formarse ampollas en las áreas quemadas por el sol, si la quemadura solar es grave o si surgen complicaciones inmediatas (erupción cutánea, comezón o fiebre).

Prevención

- Si planea estar expuesto al sol, no lo haga entre las 12:00 y las 15:00 horas, cuando es máxima la radiación ultravioleta proveniente del sol. Cubra las áreas expuestas, use un sombrero de ala ancha y aplique una crema protectora cuyo factor de protección solar (SPF, del inglés: *sun protection factor*), sea al menos de 15.
- Protéjase los ojos. Para tal efecto, son adecuados los anteojos que bloquean el 95 por 100 de la luz ultravioleta. Pero es posible que requiera anteojos que bloqueen el 99 por 100 de la luz ultravioleta si está expuesto durante varias horas a la luz solar, si ha sido operado de cataratas o emplea un medicamento de prescripción que aumente su sensibilidad a la luz ultravioleta.

QUEMADURAS QUÍMICAS

Las quemaduras químicas están producidas por productos químicos, bien ácidos o alcalinos. Si son menores usualmente cicatrizan sin tratamiento adicional.

Los productos de limpieza doméstica habituales, en particular los que contienen amoniaco o decolorantes, pueden causar daños graves a los ojos o piel, al igual que los productos químicos empleados en la jardinería. Se recomienda leer las etiquetas de los productos. En ellas encontrará instrucciones para su utilización correcta y recomendaciones de tratamiento.

Primeros auxilios

- Verifique que se haya eliminado la causa de la quemadura.
- Irrigue la quemadura con agua corriente en abundancia durante veinte minutos o más, para asegurar que se eliminan las sustancias químicas. Lave nuevamente el área quemada durante varios minutos más si la víctima señala que el ardor se intensificó después del primer lavado.
- Quite la ropa o joyas que estén contaminadas por la sustancia que causó la quemadura.
- Cubra el área quemada con una gasa estéril seca (si es posible) o con una tela limpia.
- Pida una ambulancia para su traslado si el paciente está muy afectado, si la sustancia quemó la capa externa de la piel en todo su espesor, si la quemadura de segundo grado resultante abarca un área mayor de cinco a siete centímetros de diámetro o si la quemadura química afectó las manos, pies, cara, ingle, glúteos o una articulación grande.
- En caso de duda acerca de la toxicidad de una sustancia, llame al centro de control de intoxicaciones.

Prevención

- Mantenga siempre alejada de los niños cualquier sustancia química. Almacene y selle los envases que puedan ser peligrosos.
- Cuando se manejan sustancias químicas, conviene ponerse ropa y anteojos protectores.
- Busque la información acerca de los productos químicos que utilice. En el trabajo lea las hojas de datos sobre seguridad de materiales o llame por teléfono al centro de control de intoxicaciones para obtener más información a cerca de las sustancias empleadas.

QUEMADURAS POR CONGELACIÓN

Las bajas temperaturas producen quemaduras o lesiones en la piel, igual que el calor, sobre todo en partes dístales (alejadas del tronco) como pies, manos, nariz u orejas.

Primeros auxilios

- Avise siempre a los servicios sanitarios de urgencias.
- Retire a la víctima del lugar y aflójele las ropas para así facilitar la circulación.
- Si están congelados los pies, no le permita caminar.
- Eleve gradualmente la temperatura de los sitios de lesión, usando para ello agua tibia (de 36º C a 37 º C), teniendo la precaución de no aplicar calor directo sobre la parte congelada. Deje la zona en remojo hasta que vuelva a calentarse. Para calentar la nariz y las orejas cúbralas con sus manos. Abríguele lo mejor posible. No use calentadores.
- Si está consciente debe darle bebidas calientes dulces. No le dé bebidas alcohólicas.
- Eleve la parte afectada para disminuir la inflamación y el dolor.
- No aplique ungüentos ni otros medicamentos. No de masajes en el área afectada. Si hay ampollas no las rompa.
- Después de que la víctima haya entrado en calor, vende el área con apósitos estériles y coloque gasa entre los dedos de las manos o los pies antes de colocar la venda.

RECUERDE

- Consulte a un médico, no menosprecie la gravedad de una quemadura por su extensión (salvo que sea muy leve y superficial): Hay que procurar, de forma sistemática, que cualquier persona que haya sufrido una quemadura sea reconocida por un médico para que indique el tratamiento más adecuado para cada tipo de lesión.
- Para apagar las llamas de una persona que está ardiendo, debe hacerlo con una manta o similar, haciéndole rodar en el suelo. El mejor auxilio que puede prestar a una quemadura por calor o química es exponer la lesión a agua fría durante al menos quince minutos. En quemaduras mayores se debe cubrir la quemadura con paños limpios y como norma general, no quitar la ropa cercana a la quemadura, ya que puede estar adherida a la piel. Solamente quitaremos la ropa en el caso de que esté impregnada en líquidos muy calientes o productos cáusticos (lejía, salfumán, amoniaco, etcétera), para evitar que sigan quemando.
- No se exceda en el tiempo de exposición a radiaciones solares según su tipo de piel. Recuerde que el momento más dañino está en el horario entre las 12:00 a 15:00 h. Protéjase siempre con lociones o cremas con filtro solar. Se recomiendan factores de protección a partir del número 15. No se debe pinchar las ampollas en el caso de quemaduras de segundo grado, se pueden infectar.

SABÍA USTED QUE...

- Se calcula que el 80 por 100 de las quemaduras pueden ser prevenidas, pues la mayoría ocurre en el hogar.

- La piel es uno de los mayores órganos del organismo y sólo el músculo la sobrepasa en peso y extensión. Su extensión es de 0,25 m^2 en el recién nacido y de 1,8 m^2 en el adulto.

- Los chorros de agua pueden contener mucho oxígeno y pueden alimentar la combustión de productos de origen petrolíferos (de los cuales están hechos los vestidos): no apague la ropa con violentos chorros de agua, podría aumentar el dolor y el estado de *shock*.

- Debe evitar utilizar sobre las quemaduras aceite, vinagre, pasta de dientes, barro u otros remedios caseros. Aunque logran aliviar momentáneamente el dolor, pueden repercutir negativamente en la curación de la zona dañada. Lo mejor es utilizar agua, mucha agua.

- Advertencia: Las quemaduras solares pueden no afectar de inmediato, pero la sobre exposición a la luz solar durante toda una vida es capaz de dañar la piel y aumentar el riesgo de padecer cáncer de la piel.

CUESTIONARIO

1. **En caso de incendio, no debe:**
   a) Utilizar agua para apagar el fuego en cercanías de instalaciones de alta tensión.
   b) Debe ser quitada la ropa impregnada de líquido hirviendo.
   c) Para apagar la propia ropa es necesario abrazarse con fuerza al tórax, arrojarse al suelo y rodar.
   d) Tener cuidado con las superficies de vidrio (pueden estallar). Tratar de quedarse en un lugar cerrado el menor tiempo posible.

2. **Si se quema la parte anterior del tórax y del miembro superior derecho sólo el brazo, según la regla del 9, se habrá quemado un:**
   a) 9 por 100.
   b) 18 por 100.
   c) 12 por 100.
   d) 27 por 100.

3. **Ante una quemadura por congelación, lo aconsejable es:**
   a) Si se ha congelado un dedo del pie, lo mejor es caminar cuanto antes.
   b) Eleve gradualmente la temperatura de los sitios de lesión, usando para ello agua tibia.
   c) Eleve gradualmente la temperatura de los sitios de lesión, usando para ello agua caliente.
   d) Frotar fuerte con alcohol.

4. **Si planea estar al expuesto al sol,**
   a) Hágalo de las 12:00 a 15:00 horas, cuando es mínima la radiación ultravioleta proveniente del sol.
   b) Es aconsejable llevar un factor de protección solar menor de 7.
   c) Las cremas hidratantes después de la exposición calman los síntomas e hidratan la piel.
   d) Si salen ampollas, lo mejor es explotarlas y después aplicar una pomada con bactericidas, para prevenir infecciones.

QUEMADURAS ELÉCTRICAS

ELECTROCUCIÓN

Las quemaduras eléctricas son quemaduras no térmicas causadas por un agente exógeno, la electricidad, capaz de producir daño en la piel y, especialmente, en los tejidos profundos.

La variada y compleja patología que produce la electricidad es diferente de la patología derivada de las quemaduras por llamas o por calor intenso.

Algunas fuentes de energía eléctrica son los cables eléctricos, los relámpagos, los aparatos eléctricos defectuosos y los enchufes sin protección (los aparatos eléctricos y los cables de baja tensión provocan lesiones de menor intensidad).

El contacto con cualquiera de estas fuentes puede hacer que la electricidad recorra el cuerpo de una persona ocasionándole a su paso graves lesiones, incapacidad o muerte.

La fuente de energía eléctrica carece de energía térmica antes de su interacción con los tejidos, pero se transforma en energía térmica al interactuar con la materia biológica. Las quemaduras se deben a la generación de calor por la resistencia que ofrecen los diversos tejidos y órganos del cuerpo.

Las quemaduras eléctricas, aunque comparten características con las térmicas, exhiben notorias diferencias. Típicamente causan efectos tardíos y lesiones profundas graves que no corresponden a la apariencia, relativamente sana, de la piel y los tejidos superficiales (pueden verse afectados de forma mínima).

Además, la electricidad de por sí puede lesionar órganos vitales como el corazón o el cerebro, con o sin quemadura.

La gravedad de las lesiones depende de tres factores principales:

- Amperaje y voltaje de la fuente eléctrica.
- Resistencia de los tejidos.
- Duración de la exposición.

Se reconocen tres clases principales de lesión por electricidad:

- Lesión directa por la corriente eléctrica.

- Quemadura electrotérmica por arco eléctrico.
- Quemadura por llamas de la ignición de ropajes.

Como en otro tipo de quemaduras, cuando hay ignición de ropas se produce humo y gases tóxicos que pueden causar lesiones graves en el tracto respiratorio por inhalación.

En orden decreciente de resistencia, los tejidos se ordenan así:

piel > hueso > grasa > nervio > músculo > sangre > líquidos corporales.

SIGNOS Y SÍNTOMAS

- La sacudida que acompaña a la lesión eléctrica en ocasiones hace que la víctima caiga al suelo o salga despedida, por lo que pueden existir fracturas u otras lesiones.
- Las quemaduras eléctricas pueden ocurrir en cualquier parte. Son casi siempre de tercer grado, con un sitio de entrada y uno o varios de salida, en donde se pueden apreciar áreas carbonizadas y de explosión. Generalmente no sangran y son indoloras.
- Lo más importante son las lesiones internas que se pueden producir, pudiendo llegar a la parada respiratoria, parada cardiorrespiratorio y *shock*, producidas por el curso de la corriente entre el punto de entrada y el punto de salida.

PRIMEROS AUXILIOS

- Toda quemadura eléctrica debe ser examinada por un médico. Aunque parezca leve, es posible que el daño se extienda a tejidos situados en capas más profundas por debajo de la piel.
- Antes de dar atención de primeros auxilios, interrumpa el contacto, cortando la corriente de la conducción principal en caso de que sea accesible.
- Si no es posible cortar el fluido eléctrico debe realizar las siguientes operaciones:
    - Párese en una superficie seca de caucho o madera.
    - Retire a la víctima de la fuente eléctrica con un objeto de madera o plástico, ya que no son conductores de electricidad.
    - No toque al accidentado con sus manos. Si no recibirá la descarga eléctrica.
- Valore las constantes vitales (respiración y pulso); si no están presentes, comience la RCP. No mueva a la víctima.

- Una vez que la víctima se estabilice, correr agua fría sobre las quemaduras un mínimo de 30 minutos. No aplique jabón ni pomadas ni remedio casero.
- Después de lavar la quemadura cubra el área o áreas lesionadas con una compresa o tela limpia y seca.
- Mantenga a la víctima abrigada hasta que llegue el médico.
- Trasládela lo más rápido posible a un centro asistencial.

RECUERDE

- No toque a la persona que ha tenido contacto con electricidad, a menos que esté libre de la corriente eléctrica (si todavía está en contacto con la corriente eléctrica, la electricidad viajará a través del cuerpo de la víctima y le electrificará). Si no hay otro remedio hágalo desde una superficie aislante y con un elemento aislante (que no transmita la electricidad), como un palo de madera.
- Tras estabilizar a la víctima, correr agua fría sobre las quemaduras un mínimo de 30 minutos y después cubra el área o áreas lesionadas con una compresa o tela seca.

SABÍA USTED QUE...

- El hueso es el tejido que presenta mayor resistencia, por lo que genera las máximas temperaturas. Por ello se produce el fenómeno de las *destrucciones musculares y de tejidos profundos,* con tejidos superficiales poco afectados, cuadro característico de las quemaduras eléctricas.
- La humedad, por sudoración o por agua, reduce la resistencia de la piel, lo cual explica las muertes por electrocución que suceden en la ducha.
- La electricidad de los cables de alta tensión puede saltar o describir un «arco» de hasta 18 metros y matar a una persona. Por consiguiente, no se acerque al accidentado a no ser que le informen oficialmente que la corriente eléctrica ha sido suspendida.

CUESTIONARIO

1. ¿Cuál de los siguientes tejidos presenta mayor resistencia a la electricidad, y por tanto genera más calor?
   a) Hueso.
   b) Grasa.
   c) Músculo.
   d) Sangre.

2. La gravedad de las lesiones depende de estos factores, salvo de uno:
   a) Duración de la exposición a la corriente.
   b) El sexo, ya que las lesiones son mayores en los varones.
   c) Resistencia de los tejidos.
   d) Amperaje y voltaje de la fuente eléctrica.

3. Lo más importante en la actuación de primeros auxilios ante una quemadura eléctrica es (una vez cortada la corriente eléctrica o apartada la persona de ella):
   a) Darle abundantes líquidos.
   b) Cubrir con apósitos los orificios de entrada y salida.
   c) Una vez que la víctima se estabilice, verter agua fría sobre las quemaduras un mínimo de 30 minutos.
   d) Aplicar un vendaje compresivo en la zona de entrada.

4. ¿Porqué la electricidad causa efectos tardíos y lesiones profundas graves en determinados órganos que no corresponden a la apariencia externa?
   a) Esto no sucede con las quemaduras eléctricas, sí con las químicas.
   b) Debido a que la corriente eléctrica se transporta por las arterias y así llega a todos los órganos.
   c) Debido a que activan la corriente eléctrica normal de los nervios.
   d) Por el efecto directo de la electricidad sobre determinados órganos (como el corazón) y el fenómeno de las destrucciones musculares y de tejidos profundos causado por las altas temperaturas que genera la electricidad al pasar por tejidos muy resistentes (como el hueso).

ASFIXIA POR CUERPO EXTRAÑO

INTRODUCCIÓN

Llamamos asfixia a cualquier situación en la que el aire no entra en los pulmones. Se habla de atoro cuando la obstrucción de la vía aérea es por un cuerpo extraño.

Como consecuencia, la sangre se queda sin oxígeno. Esta situación, en la mayor parte de las personas, da lugar a la muerte si se mantiene más de cuatro a seis minutos.

Algunos deportistas muy entrenados, submarinistas por ejemplo, pueden aguantar tiempos mayores sin respirar.

Las causas de la asfixia son variadas. Entre ellas se encuentran el ahogamiento en agua, la aspiración de gases tóxicos, las sobredosis de drogas, accidentes por electrocución, obstrucción de las vías respiratorias por cuerpos extraños, los casos de homicidio por sofocación (con un cojín, por ejemplo) o por estrangulamiento.

La asfixia por cuerpo extraño (la producida por un objeto) es frecuente que se produzca en niños menores de cuatro años, ya que no conocen el riesgo al que se someten cuando introducen un objeto en la boca.

Pueden ingerir cualquier objeto que tengan a la mano: alimentos, leguminosas, rosetas de maíz, confites con núcleo vegetal, semillas o pipas de frutas, juguetes, bolas, monedas, huesos, botones, ganchos, cáscaras de huevo etcétera. Los cuerpos extraños asociados con las tasas más altas de mortalidad son esferas o bolas pequeñas como canicas o píldoras.

La aspiración de cuerpos extraños es la tercera causa de muerte accidental en menores de un año y la cuarta causa entre uno y seis años. La edad promedio de muerte por aspiración es 14,8 meses y 97 por 100 ocurren alrededor o en la casa.

SIGNOS Y SÍNTOMAS

Si la obstrucción de la vía aérea es parcial

- Dolor de garganta y tos.

- Dificultad para hablar.
- Ruidos al respirar

Si la obstrucción de la vía aérea es completa

Puede sobrevenir una parada cardiaca por falta de oxígeno.

- Bruscamente presenta una crisis de tos e imposibilidad para respirar.
- Incapacidad para hablar (o llorar si es un niño), no emite ningún ruido. Si son niños pueden presentar estridor (ruido respiratorio rudo y áspero).
- Palidez. Posteriormente la piel adquiere un color azulado (es lo que se conoce como cianosis).
- Gran agitación y finalmente perdida de conciencia después de algunos segundos.

PRIMEROS AUXILIOS

El ahogo por atoro constituye una situación de emergencia y requiere de actuación inmediata. Primero pida auxilio, solicite que se llame al servicio de urgencias. Si no se ha podido localizar a los servicios sanitarios, tras la desobstrucción (practicados cada uno de los pasos), acudir al centro de sanitario más cercano si ha permanecido mucho tiempo sin poder respirar.

Si la obstrucción de la vía aérea es parcial

- Anímelo a toser para que elimine el cuerpo extraño.
- Si la tos no resulta eficaz o no es posible, intente liberar la vía aérea mediante las *técnicas de desobstrucción*:
  - –Observe si hay un cuerpo extraño. Si lo detecta, elimínelo usando el dedo índice a modo de gancho. Cuando trate de desalojarlo, tenga cuidado de no empujarlo hacia la garganta.
  - –Si no tiene éxito, intente desalojar el cuerpo extraño mediante la técnica de percusión torácica si es un niño (se explica más adelante).
  - –Si es un adulto, o es un niño y la percusión torácica no ha tenido éxito, efectúe la técnica de la compresión abdominal o Maniobra de Heimlich (se explica mas adelante).

Si la obstrucción de la vía aérea es total

- Realizará directamente las técnicas de desobstrucción:
  –Intente desalojar el cuerpo extraño mediante la técnica de percusión torácica si es un niño o mediante la técnica de la compresión abdominal (Maniobra de Heimlich) si es un adulto.
- Si después de varios intentos no logra su objetivo (que respire y recobre su coloración rosada), realice la respiración boca a boca (ver reanimación cardiopulmonar).
- Si no ha podido localizar a los servicios sanitarios y debe trasladar al enfermo a un servicio de urgencias, mantenga la respiración boca a boca y el masaje cardíaco si no encuentra latido cardíaco o pulso presente, hasta llegar a las urgencias y entregar al niño a un profesional de la salud.

TÉCNICA DE LA PERCUSIÓN TORÁCICA (PARA EL NIÑO)

- Siéntese y coloque al niño transversalmente sobre sus piernas, de modo que la cabeza cuelgue y quede situada por debajo del tronco. Sujételo con una mano por la cintura o el pecho y con la otra mano efectúe una serie de cuatro golpes secos ente los dos huesos omoplatos de la espalda.
- En el caso del niño menor de dos años: coloque al bebé sobre un antebrazo con la cabeza más baja que el tronco, sujetándolo por la mandibula. Con la mano libre, efectúe una serie de cuatro golpes entre los omoplatos.

TÉCNICA DE LA COMPRENSIÓN ABDOMINAL (MANIOBRA DE HEIMLICH)

Consiste en aplicar súbitamente una presión sobre el abdomen de la víctima. El aumento de presión abdominal comprime el músculo diafragma y éste a los pulmones. Los pulmones expulsan aire a alta velocidad y al mismo tiempo el cuerpo extraño. Es como si apretáramos un globo para deshincharlo más rápido.

En el adulto

- La maniobra se realiza situándose tras el paciente, rodeando su cintura con los brazos y situando las manos entre el ombligo y el borde inferior del esternón.

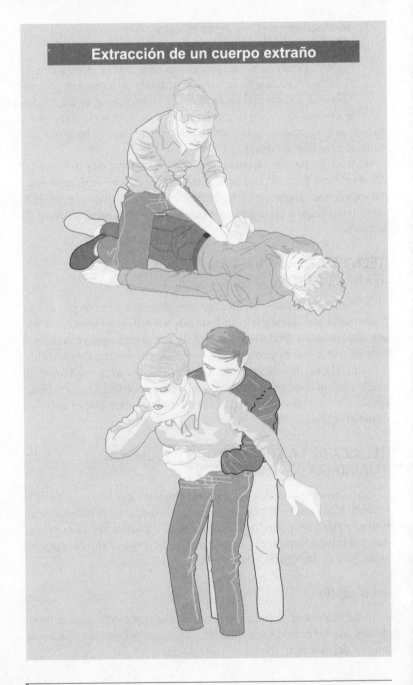

Extracción de un cuerpo extraño

- Coloque sobre el punto señalado el puño bien cerrado, con el pulgar metido hacia adentro.
- Presionar después de forma fuerte hacia atrás y arriba.
- Si está tumbado o pesa mucho, colóquelo boca arriba y siéntese sobre sus muslos. Después coloque las manos entrecruzadas sobre el punto señalado (entre el ombligo y el borde inferior del esternón), apoyándolas en el abdomen por el talón de una de las manos. Presionar después de forma fuerte hacia abajo y adelante.

En el lactante

- Siéntese y coloque al bebe en su regazo.
- Rodee su cuerpo con las manos y apoye los dedos índices en la mitad del esternón.
- Efectúe una serie de compresiones que depriman el pecho uno o dos centímetros.

En el niño

- Tienda el niño boca arriba sobre una superficie plana y firme (o sobre sus rodillas, según su tamaño).
- Apoye un par de dedos o la parte posterior de la palma en el abdomen y comprima hacia adentro y arriba con un movimiento rápido.
- Repita la compresión varias veces seguidas.

PREVENCIÓN EN EL HOGAR

- Los juguetes de los niños no deben ser o tener partes pequeñas que pueda introducir en su boca y ocluir la vía aérea.
- Educar para que no se introduzcan objetos en la boca.
- Si ve a un niño con un objeto en la boca, no le grite, pídaselo normalmente, el susto puede hacer que lo aspire.

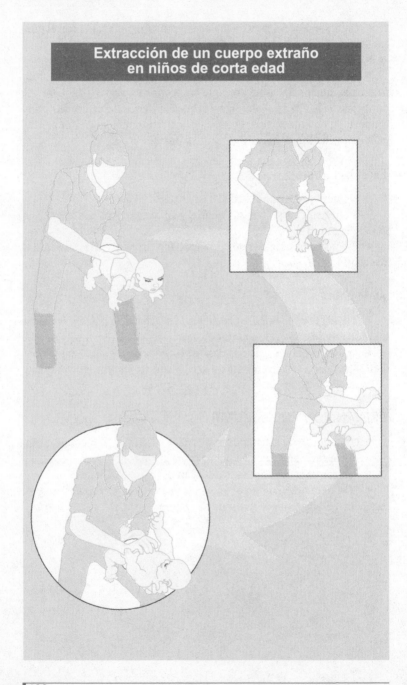

Extracción de un cuerpo extraño en niños de corta edad

RECUERDE

- La consecuencia más inmediata y temible de la asfixia es el daño cerebral que se produce porque no llega oxígeno al cerebro. Si el oxígeno falta en el cerebro entre cuatro y seis minutos se pueden producir lesiones irreversibles; si la falta de oxígeno persiste más tiempo, se produce, por lo general, la muerte. Por lo tanto, cuando nos hallamos ante una persona que ha sufrido cualquier tipo de asfixia, es importantísimo reanimarla lo antes posible (respiración artificial) y avisar a los servicios sanitarios.
- No olvide repasar cada uno de los pasos de la desobstrucción, nunca se sabe cuándo pueden ser útiles.

SABÍA USTED QUE...

- Aproximadamente el 60 por 100 de los cuerpos extraños accidentales van al aparato digestivo, sobre todo al esófago, y el resto a las vías aéreas. Entre el 80 por 100 y el 90 por 100 de los cuerpos extraños de la vía aérea se localizan en los bronquios, donde pueden dar menos sintomatología aguda y persistir más tiempo. Con menos frecuencia van a la laringe y la tráquea, donde originan cuadros clínicos más agudos y severos. El campo pulmonar derecho es el que más se afecta (55 por 100) por la división casi recta del bronquio principal derecho con la tráquea (el campo pulmonar izquierdo se compromete en un 33 por 100 de las ocasiones). En un 12 por 100 de los casos hay compromiso en los dos pulmones.

- Los niños menores de cuatro años constituyen el 55 por 100 del total de los casos de cuerpos extraños en vía aérea. La edad promedio de los niños que hacen la aspiración es de 23 meses y el sitio más común donde ocurren los accidentes es la casa (75 por 100). Los menores de dos años son particularmente susceptibles de morir asfixiados por alimentos.

- ¿Qué sucede si tras una obstrucción por cuerpo extraño vuelve a respirar normalmente o sólo con una ligera dificultad o estridor? Significa que el cuerpo extraño ha salido de la laringe y ha pasado al esófago o al pulmón (en este caso puede haber algo de dificultad respiratoria). Si pasa al esófago, habitualmente se expulsa después con las heces. Si ha pasado al pulmón, deberá ser extraído posteriormente. Cualquiera de los dos casos debe ser valorado por un médico.

- Algunas personas que han permanecido sumergidas en agua muy fría durante tiempos más largos, de quince a treinta minutos, han podido ser reanimadas. Ello es debido al llamado «reflejo de buceo» que provoca una reducción de la necesidad orgánica de oxígeno, así como un cierre de las vías respiratorias que impide la entrada de agua a los pulmones.

CUESTIONARIO

1. **Si la obstrucción de la vía aérea es parcial, lo adecuado es:**
   a) Iniciar la maniobra de presión abdominal.
   b) Iniciar la maniobra de presión torácica.
   c) Animar a toser.
   d) Decirle que no tosa.

2. **La Maniobra de Heimlich es:**
   a) La técnica de compresión abdominal con la que se debe iniciar la desobstrucción de la vía aérea en adultos o la que se debe usar en niños si falla la compresión torácica.
   b) Una técnica para cortar el sangrado abdominal.
   c) Una técnica que se usa para apartar a una persona que está sufriendo una electrocución de la fuente que la produce.
   d) Un giro de coche muy practicado por Carlos Sainz.

3. **¿Qué no es cierto respecto a la maniobra de presión abdominal?**
   a) La maniobra se realiza situándose tras el accidentado, rodeando su cintura con los brazos y situando las manos entre el ombligo y el borde inferior del esternón.
   b) Coloque sobre el punto señalado en A un puño bien cerrado, con el pulgar metido hacia adentro. Presionar después de forma fuerte hacia atrás y arriba.
   c) Si está tumbado o pesa mucho, colóquelo boca abajo y siéntese sobre sus glúteos para ejercer la presión sobre la zona lumbar.
   d) Si está tumbado o pesa mucho, colóquelo boca arriba y siéntese sobre sus muslos, para ejercer la presión entre el ombligo y el borde inferior del esternón.

4. **La técnica de percusión torácica:**
   a) Es la primera opción en caso de obstrucción de la vía aérea en un niño.
   b) Los golpes se dan entre las dos mamilas (tetillas).
   c) Es la primera opción en caso de obstrucción de la vía aérea en un adulto.
   d) Sólo se usa en embarazadas, para evitar golpeo al feto.

ASFIXIA POR INMERSIÓN

INTRODUCCIÓN

Consiste en la sofocación por inmersión en cualquier medio líquido. El 90 por 100 de los ahogamientos ocurren a menos de diez metros de profundidad y la mayoría de los casos son en menores de diez años (uno de los aspectos más dramáticos de la asfixia por inmersión, es que la gran mayoría de las víctimas son personas jóvenes y sanas). Ésta es cinco veces más frecuente en varones, tal vez porque son más temerarios, no existiendo diferencias en los menores de un año.

Los siguientes son factores de mal pronóstico (dependen esencialmente de las condiciones del rescate):

- Edad: tres años o menos.
- Inmersión estimada mayor a cinco minutos.
- Falta de maniobras de reanimación dentro de los diez primeros minutos que siguen al rescate.
- Estado de coma (falta de conciencia) al llegar al servicio de urgencia.

Cuando coexisten tres o más de estos factores, las posibilidades de que sobreviva o de ausencia de daño neurológico grave son menores del 5 por 100.

MECANISMO

Debido a la inmersión inicial, se produce aspiración de agua a los pulmones. Esto genera un reflejo protector que cierra la vía aérea (laringo-espasmo). La víctima traga abundante agua de forma voluntaria e involuntaria. Si el período de inmersión se prolonga hay una progresiva disminución de oxigeno en los órganos (hipoxia), especialmente en el cerebro. Finalmente, debido a la misma hipoxia, el laringo-espasmo protector cede y se produce entrada de agua a los pulmones.

PRIMEROS AUXILIOS

- Frente a un caso de asfixia por inmersión, lo más importante es iniciar inmediatamente la reanimación cardiopulmonar básica: ventilación boca a boca y masaje cardíaco, si es necesario.

• No deben hacerse maniobras para extraer agua de los pulmones; sólo demoran la reanimación.

• Paralelamente se debe solicitar o buscar atención médica; las maniobras de reanimación no deben suspenderse hasta que se logre.

PREVENCIÓN

El «tratamiento» más importante y efectivo es la prevención. Las siguientes son las medidas preventivas fundamentales.

Piscinas y equivalentes

• No se debe dejar nunca a un niño solo cerca de una piscina o en la bañera. Vigile a los niños, el 84 por 100 de los ahogamientos ocurre por una supervisión inadecuada de los adultos. La mayoría de los accidentes suceden a la hora de la comida.

• Se debe cercar la piscina de forma adecuada y con puerta segura: cerca de 1,5 m de altura mínima y 12 cm o menos de distancia entre las barras verticales. Sólo esta medida ha disminuido los ahogamientos en un 50 a 70 por 100.

• Los «manguitos» de baño no son salvavidas confiables.

• Evite elementos atractivos para los niños (juguetes, etcétera) dentro y alrededor de la piscina.

• Use teléfonos portátiles o móviles en el área de la piscina para no ausentarse durante una llamada.

• Es aconsejable iniciar lecciones de natación a los dos años.

• Los dueños de las piscinas deben saber administrar la reanimación cardiopulmonar básica.

Playas y fuentes naturales

• Nadar siempre con precaución: si es adulto y es un experto nadador, no se aleje en exceso de la orilla. En ningún caso debe bañarse solo. Si se trata de niños o de nadadores inexpertos, vigilarlos siempre de cerca y no dejar que se alejen. Tener cerca un salvavidas.

• Informarse sobre las zonas seguras de baño (estar atento a las banderas en las playas).

• Evite tomar alcohol y comer copiosamente antes de nadar.

• No trate de rescatar a alguien pesado si no sabe cómo hacerlo. Mucha gente ha muerto en el intento (la víctima puede ser peligrosa para el rescatador). Busque ayuda con urgencia.

RECUERDE

- No sobrestime su capacidad de nadador (un número considerable de los bañistas lo hacen). Siempre vigile a los niños, tanto en piscinas como en playas o fuentes naturales.
- En caso de asfixia por inmersión, no olvide las pautas básicas de la RCP, ya que son igualmente aplicables:
  - –Despejar y mantener permeable la vía aérea.
  - –Al realizar la ventilación boca a boca: boca / nariz-boca en el niño pequeño y boca / boca (tapando la nariz) en el niño mayor y adulto.
  - –Masaje cardíaco y ventilación con una relación de cinco compresiones por una ventilación en todas las edades si hay dos reanimadores, y quince / dos en adultos si hay un solo reanimador. En el adulto y niños mayores, se hace masaje con el talón de la mano, deprimiendo el tórax. En el menor de un año con dos dedos (ver el capítulo correspondiente).

SABÍA USTED QUE...

- Según cifras de la Organización Mundial de la Salud (OMS) la asfixia por inmersión es:
  Cuarta causa de muerte accidental en el mundo.
  Primera causa de muerte accidental en varones entre los cinco y catorce años (quinta causa entre mujeres de la misma edad).
- Más del 85 por 100 de los ahogamientos son accidentales. Sólo en una minoría los casos obedecen a una causa secundaria o que predisponga a ello, siendo una de las principales el consumo de alcohol. Las circunstancias del ahogamiento dependen principalmente de factores geográficos: en las zonas con mayor desarrollo económico y en épocas templadas, el 90 por 100 de los ahogamientos ocurre en piscinas particulares. En países menos desarrollados predominan los accidentes en zonas de baño autorizadas e improvisadas o por caídas a cursos o fuentes de agua (canales, pozos, lagunas, ríos, etcétera). Según cifras internacionales, casi la mitad de las víctimas saben nadar.
- Casi el 80 por 100 de los ahogamientos en el mar ocurren debido a corrientes (zonas profundas y aparentemente tranquilas entre los bancos de arenas), que pueden llevarse a nadadores fuertes y expertos. Si es atrapado por una corriente no luche, nade transversalmente, déjese llevar y pida ayuda.

CUESTIONARIO

1. **Frente a un caso de asfixia por inmersión, lo más importante es:**
   a) Hacer maniobras para extraer agua de los pulmones.
   b) Golpear fuertemente en la espalda.
   c) Colocarle boca abajo y dar golpes secos en la región lumbar.
   d) Iniciar inmediatamente la reanimación cardiopulmonar básica: ventilación boca a boca y masaje cardíaco, si es necesario.

2. **Respecto al mecanismo de la asfixia por inmersión, ¿qué no es cierto?:**
   a) Debido a la inmersión inicial, se produce aspiración de agua a los pulmones, lo que genera un reflejo protector que cierra la vía aérea (laringo-espasmo).
   b) Si el período de inmersión se prolonga hay una progresiva disminución de oxigeno en los órganos (hipoxia).
   c) Finalmente, debido a la misma hipoxia, el laringo-espasmo protector cede y se produce entrada de agua a los pulmones.
   d) El laringo-espasmo protector puede durar 30 minutos, de manera que estaremos protegidos de la entrada de agua a los pulmones durante ese tiempo.

3. **Si se ve atrapado por una corriente en el mar:**
   a) Luche contracorriente lo más rápido posible hasta que se agoten sus fuerza (para así intentar sobrepasar la corriente).
   b) Bucee lo más profundo que pueda, para intentar llegar a una zona bajo el mar donde no haya corriente.
   c) No luche, nade transversalmente, déjese llevar y pida ayuda.
   d) Nade de espaldas a la corriente.

4. **Son medidas eficaces para prevenir la asfixia por inmersión todas las siguientes salvo una:**
   a) Nade siempre con precaución.
   b) Si ve a alguien obeso ahogándose en una piscina y si no sabe cómo ayudarle, trate de rescatarlo como sea, ya que se sumergirá pronto.
   c) Evite tomar alcohol y comer copiosamente antes de nadar.
   d) Infórmese sobre las zonas seguras de baño.

PICADURAS

INTRODUCCIÓN

El ser humano puede ser agredido por otros seres vivos de distintas maneras. Una de las formas más frecuentes en los más pequeños son las picaduras. Pueden provocar daño por tres mecanismos:

- Por acción directa del contacto con el animal o la sustancia inyectada, que puede ocasionar trastornos in situ (en el lugar de la picadura) y a distancia.
- Por reacciones inmunológicas (el sistema inmunológico es el responsable de nuestra defensa, pero en ocasiones la respuesta no es la adecuada).
- Por transmisión de diversas enfermedades y facilitando las infecciones en el lugar de la picadura, sobre todo por bacterias.

Existen una serie de seres vivos portadores de un aparato picador característico, a través del cual inoculan a sus víctimas un veneno o ponzoña exclusivo.

Estas sustancias son mezclas complejas de compuestos tóxicos y digestivos, los cuales son inyectados a través de un aguijón en un punto exclusivo de nuestra superficie corporal.

Unas veces el aguijón es conservado y en otras queda dentro de nuestra piel.

Las picaduras de insectos, muy frecuentes en verano, son generalmente benignas, pero pueden llegar a ser graves particularmente en personas sensibilizadas.

En ocasiones, en caso de ataques masivos, pueden ser decenas o cientos los puntos de inoculación, como por ejemplo la agresión por parte de un panal de abejas o de un enjambre de avispas; si bien es cierto que este hecho es inusual.

Afortunadamente, en nuestro país, la incidencia de casos graves por picadura de escorpiones, abejas, avispas, arañas o medusas, es escasa, y si se producen es debido al estado previo del paciente o a que éste se encuentre previamente hipersensibilizado, suponiendo entonces una urgencia vital.

SERES VIVOS QUE PUEDEN AGREDIR POR PICADURA

En nuestro medio los seres vivos que con más frecuencia pueden picarnos y provocar una reacción más o menos importante son los que se detallan a continuación.

Insectos y arácnidos

● Venenosos o picadores: avispas, abejas, abejorros, hormigas, arañas y escorpiones.

● Parásitos o chupadores: mosquitos, tábanos, pulgas, chinches, ácaros y garrapatas.

● *En el mar.*

SIGNOS Y SÍNTOMAS

La reacción del hombre a las picaduras de insectos es muy variable. En general los efectos más graves suelen producirse en picaduras de cabeza, cara y cuello.

● Después de una picadura de insecto, lo más corriente en individuos normales es una reacción local con una pequeña pápula (erupción eritematosa en la piel) indolora pasajera o un dolor quemante difuso intenso junto con picor, sensación de acorchamiento o zonas de anestesia. Puede haber enrojecimiento e inflamación alrededor del picotazo. Desaparece en dos-tres horas.

● En individuos alérgicos, puede ocurrir una reacción generalizada que puede ser muy grave:

● Urticaria, edema y eritema.
● Mareo, confusión, náuseas.
● A veces debilidad, espasmos, contracturas o parálisis musculares.
● En casos graves dificultad para respirar, cianosis (color azulado en la piel), disfagia (dificultad para tragar), fiebre, alteraciones de la frecuencia y el ritmo cardíaco y *shock*.

PRIMEROS AUXILIOS

● Lavar la herida con agua y jabón.
● Aplicar hielo o compresas frías en la picadura.
● Para aliviar el dolor, además del hielo, pueden ser de ayuda las lociones con mentol, alcanfor o anestésicos locales. En las formas leves los antihistamínicos tópicos y orales son recomendables hasta la des-

aparición de la sintomatología, ya que reducen la reacción y son sedantes suaves.

- Evitar las cremas con antihistamínicos tipo prometazina pues son alergizantes.
- Si ve el aguijón, sáquelo cuidadosamente con unas pinzas finas, sin presionar.
- Si se torna grave, llevar al paciente a un centro asistencial
- En individuos alérgicos buscar ayuda médica rápidamente. Si usted es alérgico, pida instrucciones a su médico sobre el tratamiento inmediato para así evitar una reacción grave e incluso mortal por picadura de insectos. En espera de recibir ayuda médica:

  –Aplique un vendaje constrictivo o torniquete en la pierna o brazo del paciente por encima de la picadura: debe utilizarse material blando (un pañuelo o un trozo de tela ancha) de suficiente longitud. Envuélvalo alrededor y por encima de la picadura. Haga un nudo simple y coloque encima del nudo un pedazo de palo o rama.

  –Haga un nudo completo nuevamente por encima y luego dele vueltas para ajustar así el vendaje. Esté seguro de sentir el pulso por debajo del torniquete y además el paciente no debe sentir sensación de pulsación en el lugar del vendaje (nunca hay que apretar con demasiada fuerza). Colocarlo a unos diez centímetros por encima de la picadura y cada cinco o siete minutos aflojarlo y alejarlo de la herida unos centímetros en dirección al corazón.

  –Ponga una bolsa con hielo o trapos con agua fría sobre la picadura.

  –Saque con una pinza los pedazos del insecto en el sitio de la picadura.

TIPOS DE PICADURAS

Además de las normas generales ya expuestas, hay ciertas consideraciones que se deben tener en cuenta en determinadas picaduras.

Avispas y abejas

Todo el mundo se siente un poco nervioso cuando una abeja o una avispa revolotea a su alrededor, porque ¿quién sabe cuáles son sus intenciones?

Lo cierto es que sólo atacan cuando se les molesta, se sienten en peligro o intentan defender su panal o colmena.

Si pican y no hay reacción alérgica, retirar el aguijón (sólo lo dejan las abejas) raspando en la misma dirección en la que se introdujo.

Tábanos y mosquitos

Además de los cuidados generales, si hay hinchazón, aplicar localmente amoniaco diluido o yodo.

Arañas

Existe un temor o repulsión generalizado hacia las arañas. Prácticamente todas tienen algún tipo de veneno en su organismo, sí bien la mayor parte de ellos totalmente inofensivos para el hombre.

En general las arañas españolas –como los géneros *epeira* y *araña buzo*– son inofensivas, con una picadura de efecto tóxico local, que se manifiesta por escasa inflamación, dolor variable y ocasionalmente ganglios. Los síntomas generales puede variar, desde malestar general a cefalea, náuseas e incluso espasmos musculares, dolor abdominal u otros síntomas variados (esto ocurre en escasas ocasiones y en función de las características previas del paciente). En el campo, en cualquier caso sólo debemos de temer a la célebre «viuda negra».

Si hay hinchazón, dar varios toques de amoniaco diluido o yodo. En España sólo resultan peligrosas si se produce reacción alérgica (en ese caso hay que acudir con urgencia a un centro médico). Existe un antídoto específico que se empleará cuando el paciente presente una serie de características tales como enfermedad cardiaca, hipertensión severa, embarazo, senectud o en caso de niños pequeños.

Escorpión

Dice el refrán que «nada da más picazón que el aguijón de un escorpión». En efecto, su picadura se acompaña de fuertes dolores y picores en el punto de entrada del veneno.

Las especies españolas están consideradas como unas de las menos venenosas de cuantas existen en el mundo. En nuestro país coexisten dos variedades, el escorpión doméstico y el escorpión campestre. El veneno del primero contiene hialuronidasa (similar efecto local a una abeja). Los ganglios y la inflamación pueden asociarse.

Por el contrario, el veneno del escorpión campestre, debido a la afectación de los nervios, produce un dolor mucho más intenso en el lugar de la picadura, que se irradia a toda la extremidad. En ancianos, niños pequeños o si el veneno alcanza el torrente circulatorio puede producir sudoración, taquicardia, hipotensión, dilatación de pupilas y bajo nivel de conciencia. En el resto del mundo hay docenas de especies de escorpiones, pudiendo ser sus picaduras de mayor o menor gravedad. Por todo ello, el cuidado de los niños pequeños deberá extremarse en zoológicos, exposiciones animales y tiendas de mascotas.

En la terapéutica de este tipo de picaduras hay que inmovilizar la zona y tranquilizar al afectado. Poner un torniquete suave. Aplicar una bolsa de agua fría (no hielo) sobre la herida. Acudir a un centro sanitario urgentemente. Es fundamental el uso de analgésicos para el control del dolor y se recomienda usar antihistamínicos. En casos de afección general grave y para las especies exóticas existen sueros específicos anti-escorpión.

Medusa o anémona

Hay animales de hábitat acuático que pueden producir enfermedades en humanos después de inyectar o inocular sustancias. La información sobre sus toxinas hoy en día es limitada, pero se conoce el riesgo de producir reacciones alérgicas, afectación a los nervios y necrosis local (muerte en el tejido cercano a la inoculación).

Las medusas son animales gregarios que ocupan grandes extensiones marítimas y son transportadas por las corrientes oceánicas. Son frecuentes en las costas españolas, principalmente en aguas calientes. Sus tentáculos están dotados de extremos con ampollas que contienen venenos. Tras el contacto inoculan toxinas, produciendo dolor irradiado hasta la raíz del miembro afecto, inflamación más eritema, picor y a veces vesículas de color violáceo.

En ocasiones producen calambres musculares, náuseas, vómitos, sensación de falte de aire e incluso la muerte. Existe peligro de infección bacteriana en el lugar de contacto. Pero en general, la clínica tras la picadura cede en pocas horas.

El tratamiento de estas lesiones consiste en la inactivar la toxina mediante la aplicación local de calor, amoniaco o alcohol. Si existen fragmentos de tentáculos adheridos habrán de ser extirpados. Se debe administrar analgesia para controlar el dolor y anti-inflamatorios locales. Dependiendo de la intensidad del cuadro, el médico valorará el uso de antihistamínicos (si existe mucho picor). No utilizar agua dulce ni frotar, porque pueden estallar las bolsas de veneno.

Erizos de mar

Si no resulta complicado, quitar las púas con rapidez. En caso contrario se debe acudir a un centro médico.

Pez araña

Introducir la parte afectada en agua caliente durante media hora.

PREVENCIÓN

- Nunca golpee, agite o arroje objetos a una colmena de abejas o a un avispero.
- No mate abejas ni avispas.
- Enseñe a los niños que no deben agredir los nidos de avispas ni las colmenas.
- Si se acerca una avispa o abeja, no pierda la calma ni haga aspavientos extraños. Simplemente espere a que se vaya. Tenga en cuenta que las abejas pican más fácilmente en días nublados.
- Si cae en un enjambre o cerca de él apártese lentamente.
- En el campo, no llevar ropa de colores llamativos ni perfumes (atraen a los insectos). No coger flores.
- No permanecer cerca de los cubos de basura ni dedicarse a levantar piedras.
- Si llevamos una bebida azucarada, mirar antes de beber, por si hay algún insecto en los bordes del recipiente.
- Utilizar calzado cerrado y con calcetines en las excursiones campestres. No caminar descalzos por zonas de césped.
- Sacudir las toallas y la ropa si han permanecido al aire libre.
- Si conduce, es preferible mantener las ventanillas subidas. Llevar un insecticida en la guantera del coche por si se introduce un insecto. Si se conduce una moto o una bicicleta en el campo, llevar ropa ajustada.
- Evitar bañarse en zonas de aguas tibias, poco profundas y quietas, entre arrecifes o corales.
- Conviene llevar un pequeño equipo contra picaduras en excursiones, viajes, etcétera. Utilice productos repelentes de insectos.
- Para prevenir la picadura de los escorpiones, no hay que olvidar:
  - –Es un animal nocturno, por lo que no conviene dormir al raso en salidas al aire libre (hacerlo dentro de tiendas de campaña bien cerradas).
  - –Tampoco es recomendable caminar descalzo o usar sandalias en parajes sospechosos de ser habitados por estos arácnidos atípicos (lugares soleados y pedregosos, montones de ramas y troncos).
  - –Sacudir la ropa y el calzado tras una noche de acampada.
  - –Una casa infestada con escorpiones puede librarse de ellos cerrando todas sus vías obvias de entrada y recogiendo los residuos.

Mención aparte merece la prevención en los sujetos con antecedentes de reacción alérgica grave a picaduras de insectos:

● Deben ser desensibilizados (disminuir la reacción que produce la picadura en ellos): Previamente se hacen tests cutáneos con los venenos específicos. La de-sensibilización se realiza aproximadamente catorce días después de una picadura grave.

● Usar ropa de manga larga y cuello alto. Evitar riesgos innecesarios.

● Llevar siempre a mano un botiquín con medicación para tratar rápidamente una reacción grave (tabletas de isoproterenol para uso sublingual, adrenalina en aerosol para inhalación, pinzas para extraer el aguijón...), según prescripción médica.

● En cualquier caso estos enfermos deben ser valorados y seguidos por un médico especialista en alergia, quien planificará el tratamiento y la prevención.

RECUERDE

● Cuando llega la época estival aumenta el número de mordeduras y picaduras por pequeños seres vivos que proliferan en esta época o que usualmente se encuentran en hibernación el resto del año. Arañas, escorpiones e insectos encuentran en el hombre, más en contacto con la naturaleza en estas fechas, una presa fácil donde inyectar sus venenos. Por fortuna, en nuestro país la mayoría de los casos son leves y los síntomas locales son predominantes, aunque no por eso debemos obviar la gravedad que en ciertos pacientes alérgicos o con especiales características puede suponer una agresión por estos animales. El mejor tratamiento es la prevención.

● La conducta general a seguir ante cualquier picadura es: lavar la herida con agua y jabón y aplicar hielo o compresas frías. En las formas leves, siempre previa valoración por el médico, los antihistamínicos tópicos u orales son recomendables y si se torna grave, llevarlo a un centro asistencial. Si ve el aguijón sáquelo cuidadosamente. En individuos alérgicos buscar ayuda médica rápidamente.

SABÍA USTED QUE...

- El orden *Hymenoptera* incluye avispas, abejas, abejorros y hormigas (probablemente existen más de 100.000 especies) y sin duda estos insectos causan al hombre más picaduras que ningún otro grupo de animales venenosos.
- Todos los himenópteros presentan un temible aguijón en el último segmento de su abdomen. Excepto la abeja, el resto de insectos del grupo retienen el aguijón y pueden picar repetidamente. Su veneno, una mezcla de proteínas, es un eficaz mecanismo de defensa. En Estados Unidos se registran más muertes anuales como consecuencia de su lesión que por mordedura de serpientes (debido a las reacciones alérgicas graves).
- Dichos como «Si te pica un morgaño, en la cama un año» han supuesto una innegable mala prensa para el variopinto y cosmopolita grupo de las arañas y aracnoides. Conozcamos algo más de algunos de sus ejemplares más peligrosos.
    - La *tarántula* es muy conocida en nuestro país. Su picadura provoca alteraciones locales con intenso dolor, inflamación y ulterior lesión necrótica (mancha negruzca compuesta por tejido muerto).
    - La *viuda negra* se denomina así por su color oscuro y porque devora al macho después de la cópula. Mide 12-15 mm y la hembra posee en el abdomen una mancha en forma de reloj de arena de color rojo-anaranjado. La especie genuina habita en América Latina, existiendo especies en Europa, África del Sur y Australia. El veneno es 15 veces más potente que el de la serpiente cobra. La picadura es apenas perceptible. Transcurridos de quince minutos a varias horas, la zona aparece hinchada, con dolor intenso que se irradia a todo el cuerpo. Después puede aparecer un cuadro de intensa debilidad, contracturas musculares y espasmos viscerales, escalofríos, vómitos, obnubilación, delirios, dificultad respiratoria y *shock*, con muerte del paciente sobre todo si es niño o anciano.
    - La *araña doméstica parda* es del mismo tamaño que la anterior, de color pardo oscuro o canela claro y cuerpo plano con una banda oscura en forma de violín en porción dor-

sal. Pasadas varias horas de la picadura, aparece dolor, eritema y se forma una ampolla hemorrágica que evoluciona a una lesión necrótica y ulceración profunda. En niños puede provocar la muerte.

–El tratamiento es el mismo independientemente de la variedad de araña. Si el diagnóstico es precoz, se deberá realizar un torniquete y la escisión de la picadura para la extraer el veneno.

CUESTIONARIO

1. No es una medida preventiva eficaz para evitar picaduras de insectos:
- a) Si se acerca una avispa o abeja, no perder la calma ni hacer aspavientos extraños. Simplemente esperar a que se vaya.
- b) En el campo, llevar ropa de colores llamativos y perfumes (repelen a los insectos).
- c) Utilizar calzado cerrado y con calcetines durante las excursiones campestres.
- d) Si cae en un enjambre o cerca de él apártese lentamente.

2. ¿En qué circunstancias debe aplicarse un torniquete en caso de picadura?
- a) En individuos alérgicos para así evitar una reacción grave.
- b) En caso de picadura de escorpión.
- c) Nunca.
- d) En los casos A y B.

3. En caso de colocar un torniquete (para los casos vistos en la pregunta anterior), no debe:
- a) Sentir el pulso por debajo del torniquete. Además el paciente no debe sentir sensación de pulsación en el lugar del vendaje.
- b) Colocarlo a unos diez centímetros por encima de la picadura y cada cinco o siete minutos aflojarlo y alejarlo de la herida en dirección al corazón.
- c) Apretar con poca fuerza: debe estar muy tenso.
- d) Apretar con demasiada fuerza: debe estar suave.

4. Si en una picadura ve el aguijón:
- a) Introdúzcalo hacia dentro hasta que desaparezca.
- b) Sáquelo cuidadosamente con unas pinzas finas, sin presionar.
- c) No haga nada, déjelo igual.
- d) Prenda fuego a la zona.

MORDEDURAS Y ARAÑAZOS

INTRODUCCIÓN

Un animal, ya sea doméstico o salvaje, puede transmitir enfermedades al arañar o morder. Por ejemplo la enfermedad por arañazo de gato (infección bacteriana transmitida por el arañazo de un gato, normalmente un cachorro, aun sin que el lugar del arañazo aparente estar infectado), la rabia o el tétanos.

Las mordeduras y los arañazos de animales, incluso los más leves, pueden además infectarse y diseminar bacterias a otras partes del cuerpo. Las mordeduras de los humanos que rasgan la piel tienen incluso más probabilidades de infectarse.

Las mordeduras de perro son las más frecuentes, pero los gérmenes que contiene la boca del gato son peores para el ser humano que los que contiene la boca del perro (el riesgo de infección es mayor). Las mordeduras son consideradas generalmente heridas de tipo contuso o punzantes (cuando el animal es grande son extensas), que comprometen a la piel y se pueden acompañar de lesiones de estructuras musculares, nerviosas, vasculares, etcétera, pudiendo dar clínica generalizada además de la local.

PRIMEROS AUXILIOS

- Si la herida de la mordedura o del arañazo está sangrando, aplique presión en el área con un vendaje limpio o una toalla hasta que cese la hemorragia. De ser posible, use guantes limpios de látex o de goma para protegerse de un posible contacto con la sangre.
- Limpie la herida con agua y jabón, y manténgala debajo del agua corriente durante al menos cinco minutos. No aplique antisépticos u otros productos sobre la herida.
- Seque la herida y cúbrala con una gasa estéril o un paño limpio.
- Si es posible, localice al animal que provocó la herida. Algunos animales deben ser capturados, encerrados y mantenidos en observación para determinar si tienen rabia. No intente capturarlo usted mismo. Busque en el listín telefónico el número de alguna agencia para el control de animales o de un cuidador de animales.

• Llame al médico. Es posible que necesite antibióticos, una dosis de refuerzo de la vacuna antitetánica o la vacuna antirrábica. Acuda sin demora a la sala de urgencias del hospital más cercano siempre que:

–La herida no deja de sangrar después de aplicar presión directa durante diez minutos.

–La herida tenga más de 1,25 cm de largo o aparente ser profunda.

–El animal que atacó sea salvaje (no domesticado) o actúe de manera extraña.

–Una parte del cuerpo esté amputada. Envuelva la parte amputada con una gasa estéril o un paño limpio y llévala a la sala de urgencias.

PREVENCIÓN

• Si tiene animales domésticos, asegúrese de que estén vacunados y tengan las licencias necesarias.

• Cuide, eduque y esté pendiente de sus animales. Procure no dejarlos solos sin control aunque le parezcan inofensivos, pueden dejar de serlo en determinadas circunstancias. Utilizar el bozal es una eficaz medida para prevenir inevitables agresiones.

• Ante la amenaza de un animal doméstico o salvaje (desde un perro a una serpiente) lo mejor es quedarse quieto y no mostrar nerviosismo. En todo caso, hay que alejarse hacia un lugar seguro con tranquilidad.

MORDEDURAS DE SERPIENTES

Las mordeduras de serpiente son frecuentes en áreas tropicales y subtropicales, principalmente en primavera y otoño, y constituyen una causa importante de morbilidad en todo el mundo. En Europa existen dos grupos de serpientes venenosas, la familia de las víboras y la de las culebras.

Víboras

De las cinco especies que existen en el continente europeo, en España sólo se encuentran tres: víbora áspid, víbora europea y víbora común. Esta familia se caracteriza por tener dos colmillos anteriores acanalados, por donde inyecta el veneno. La mordedura se forma de dos incisiones paralelas de aproximadamente 2mm. de longitud y separados entre sí por 6mm. El veneno es muy similar en las tres especies, produciendo inflamación, tejido muerto y hemorragia local. Excepcionalmente afecta a los nervios. La clínica general suele ser de intensidad variable y no se suele manifestar en los casos leves. La mortalidad por picadura en España es menor del 1 por 100, siendo además la mitad de las mordeduras asintomáticas (en función de la edad, ropa, salud de la víctima o de la cantidad de veneno inoculado).

Culebras

En España existen diez especies de culebras, de las que sólo tres son venenosas (serpiente de Montpellier o bastarda, serpiente coagulla y culebra de agua). Estas especies portan colmillos venenosos en la parte posterior del maxilar superior, con lo que habitualmente la mordedura no lleva consigo la inoculación del veneno. La mordedura se caracteriza por tener forma de «U». El veneno de estas culebras afecta a los nervios y son raros los efectos generales.

Primeros auxilios

- Medidas generales: revisión de la herida por si hubiera fragmentos de colmillo, limpieza y desinfección, elevar la extremidad afecta, aplicar hielo...
- Traslado rápido a un centro sanitario (únicamente en medio hospitalario se debe emplear el suero anti-ofídico Pasteur, antídoto del veneno de víbora).
- Hasta que se llegue al centro sanitario:
    - Realizar punciones alrededor de la lesión, succionando con una jeringuilla.
    - Desbridamientos (desprender piel o el tejido que hay bajo ella) mínimos sobre la mordedura (incisión de 0,5 cm) y succionar con la boca protegiéndola con un plástico. Están contraindicados los desbridamientos amplios y el uso de torniquetes, debido a que pueden empeorar los síntomas.
    - Únicamente cuando se encuentre a más de una hora del hospital se puede aplicar un torniquete suave con banda ancha, que se irá aflojando durante 30 segundos cada 15 minutos.

MORDEDURAS HUMANAS

Son poco frecuentes las mordeduras por humanos que requieren atención sanitaria, pero pueden plantear problemas graves.

Se conocen tres tipos:

• Genuina: el agresor clava sus dientes en la víctima pudiendo producir heridas por punción, desgarros o desprendimiento de tejidos (particularmente lóbulo de oreja, lengua o pirámide nasal).

• Auto-mordeduras: generalmente de lengua o labios, que suelen acontecer en caídas o crisis convulsivas.

• Lesiones por puñetazos (deben ser consideradas como mordeduras), con abrasión y laceración de los nudillos y la mano.

La terapéutica de la lesión pasa por cumplir las normas generales, anteriormente comentadas, de limpieza cuidadosa con abundante agua y jabón... Se aconseja asimismo visitar inmediatamente a un médico, para que evalúe los daños y que valore si es preciso tomar tratamiento antibiótico.

RECUERDE

• Ante una herida por mordedura o arañazo, si está sangrando, aplicar presión en el área con un vendaje limpio hasta que cese la hemorragia. Lavar la herida con agua y jabón. Tras secarla, debe ser cubierta con una gasa estéril o un paño limpio. Si es posible, localice al animal (que puede ser humano) que provocó la herida.

• Si tiene animales domésticos, asegúrese de que estén vacunados y tengan las licencias necesarias. Ante la amenaza de un animal doméstico o salvaje, quedarse quieto y en todo caso, alejarse hacia un lugar seguro con tranquilidad.

SABÍA USTED QUE...

- El mayor peligro de la mordedura de perro es la posibilidad de que el animal presente rabia (encefalitis causada por un virus). La incidencia de la rabia en humanos ha disminuido considerablemente en las últimas décadas gracias a la efectividad de un programa de vacunación intensiva en cachorros, fundamentalmente perros y gatos. No todas las personas mordidas por un perro rabioso adquieren la enfermedad, pero una vez desarrollada ésta, la mortalidad es del 100 por 100, por lo que es absolutamente indispensable aplicar el tratamiento (suero y vacunas antirrábicas). Hay que sospechar que un perro está rabioso cuando presenta gran excitación, a veces con depresión o tendencia a aislarse. Cuando la enfermedad progresa, aparece el síntoma clásico: la hidrofobia, es decir, el miedo al agua, debido al doloroso espasmo de los músculos de la deglución que se produce con sólo pensar en beber agua. También presentan dificultad para deglutir los alimentos y más tarde el animal a veces babea, su aspecto es acosado y muerde a quien se le presenta en el camino. La muerte sobreviene al animal en cuatro o cinco días. Es prudente también someter al lesionado a tratamiento si el perro se ha escapado o ha sido mordido por un animal de otra especie que parezca rabioso (zorro, murciélago, lobo, mofeta, lince, roedores raramente, etcétera). En este país, actualmente el origen más frecuente de la infección por rabia son los animales carnívoros silvestres.
- El problema más grave que se presenta en las mordeduras humanas es la infección. La boca del hombre contiene más gérmenes patógenos que cualquier animal.

CUESTIONARIO

1. Ante la mordedura de una víbora:
a) Las víboras no muerden.
b) Es un mito la gravedad de la picadura por víbora. Realmente equivale a la picadura de una abeja.
c) La muerte es segura en 48 horas.
d) Se deben hacer punciones alrededor de la lesión, succionando con una jeringuilla. También son útiles mínimos desbridamientos para succionar con la boca.

2. Las mordeduras humanas:
a) Presentan alto riesgo de infección. No deben ser valoradas por un médico.
b) No presentan riesgo de infección (no deben ser valoradas por un médico).
c) Los humanos no muerden, dan bocados.
d) Se debe sacrificar al animal.

3. ¿Cuál de los siguientes animales es muy poco probable que transmita la rabia?
a) Un perro.
b) Un gato.
c) Un canario.
d) Un murciélago.

4. Son útiles medidas preventivas para las mordeduras todas salvo una:
a) Ante la amenaza de un animal doméstico o salvaje corra sin dudarlo.
b) Cuide, eduque y esté pendiente de sus animales.
c) Utilizar el bozal.
d) Si tiene animales domésticos, asegúrese de que estén vacunados.

INTOXICACIONES

INTRODUCCIÓN

Un tóxico es cualquier sustancia sólida, líquida o gaseosa que en una concentración determinada puede dañar a los seres vivos. Los tóxicos pueden ser muy variados y los podemos encontrar en plantas, animales (serpientes, peces, insectos, microbios...), gases naturales y artificiales, sustancias químicas e incluso en medicamentos, que según la dosis pueden actuar de forma tóxica.

Una intoxicación es la reacción del organismo a la entrada de cualquier sustancia tóxica (tóxico o veneno) que causa lesión o enfermedad y en ocasiones hasta la muerte.

El grado de toxicidad varía según los siguientes factores:

- Edad.
- Sexo.
- Estado nutricional.
- Vía de penetración.
- Concentración del tóxico.

CLASIFICACIÓN DE LOS TÓXICOS

Su consistencia puede ser sólida, liquida o gaseosa. Los venenos que una persona puede ingerir son de origen mineral, vegetal o animal. Algunos ejemplos son:

- *Origen mineral:* Fósforo, cianuro, plomo, arsénico, carbón, plaguicidas, insecticidas, derivados del petróleo, etcétera.
- *Origen vegetal:* Hongos, plantas y semillas silvestres, etcétera.
- *Origen animal:* Productos lácteos, de mar, carnes en malas condiciones, etcétera.

CAUSAS

Las intoxicaciones o envenenamientos pueden presentarse por:

- Dosis excesivas de medicamentos o drogas (muchas sustancias no son venenosas en pequeñas cantidades pueden serlo en cantidades mayores).

- Almacenamiento inapropiado de medicamentos y sustancias tóxicas.
- Utilización inadecuada de insecticidas, plaguicidas, cosméticos, derivados del petróleo, pinturas o soluciones para limpieza.
- Inhalación de gases tóxicos.
- Consumo de alimentos en fase de descomposición o de productos enlatados caducados o abiertos demasiado tiempo.
- Manipulación o consumo de plantas venenosas.
- Ingestión de bebidas alcohólicas, especialmente las adulteradas.

FORMAS DE INTOXICACIÓN

Vía respiratoria

Inhalación de gases tóxicos como fungicidas, herbicidas, plaguicidas, insecticidas, el humo de un incendio, vapores químicos, monóxido de carbono (producido por los motores de vehículos), el dióxido de carbono de pozos y alcantarillado, cloro depositado en muchas piscinas o vapores producidos por algunos productos domésticos (pegamentos, pinturas y limpiadores).

A través de la piel

Por *absorción o contacto* con sustancias como plaguicidas, insecticidas, fungicidas, herbicidas o sustancias producidas por plantas como la hiedra, el roble y la diesembaquia.

Vía digestiva

Por *ingestión* de alimentos en descomposición, sustancias cáusticas o medicamentos.

Vía circulatoria

Un tóxico puede penetrar a la circulación sanguínea por:

- Inoculación: Por picaduras de animales que producen reacción alérgica como la abeja, la avispa y las mordeduras de serpientes venenosas (visto ya en capítulos previos).
- Inyección de drogas o medicamentos: Sobredosis, medicamentos caducados o por reacción alérgica a un tipo específico de medicamentos.

SIGNOS Y SÍNTOMAS

Según la naturaleza del tóxico, la sensibilidad de la víctima y la vía de penetración, pueden ser:

- Si el tóxico ingerido es un cáustico, quemaduras alrededor de la boca, la lengua o la piel (sustancias para destapar cañerías, blanqueadores de ropa...).
- Mal aliento por la ingestión de sustancias minerales.
- Pupilas dilatadas o contraídas.
- Dolor abdominal.
- Vómitos o diarrea.
- Trastornos en la visión (visión doble o manchas en la visión).
- Cambios en el estado de conciencia: delirio, bajo nivel de conciencia, pudiendo llegar a la inconsciencia.
- Convulsiones.
- Dificultad para respirar.

PRIMEROS AUXILIOS

- Traslade la víctima lo más pronto posible a un centro asistencial.
- Cuando sospeche una intoxicación, trate de averiguar el tipo de tóxico, la vía de penetración y el tiempo transcurrido desde la exposición al tóxico.
- Busque y lleve los recipientes que están cerca de la víctima a los servicios sanitarios que van a valorar al accidentado, para que su contenido sea analizado.
- Generalmente cerca de la víctima se encuentra el recipiente que contiene la sustancia tóxica.
- Si presenta vómito, recoja una muestra para que pueda ser analizado por los servicios sanitarios.
- Revise el lugar para averiguar lo sucedido y evite más riesgos. Aleje a la víctima de la fuente de envenenamiento si es necesario.
- No olvide el ABC de la valoración primaria: revise el estado de conciencia y verifique si la víctima respira y si tiene pulso. Mantenga las vías respiratorias libres de secreciones.
- Si la víctima esta consciente hágale preguntas para tener mayor información.
- Afloje la ropa si está apretada, pero manténgala abrigada.
- Si presenta quemaduras en los labios o en la boca, aplíquele abundante agua fría.

- Colóquela en posición de seguridad o boca abajo con la cabeza hacia un lado, para evitar que el veneno vomitado sea ingerido nuevamente o pase a las vías respiratorias.

- Si está seguro del tipo de tóxico ingerido y está indicado provocar vómito, hágalo, introduciendo el dedo o el cabo de una cuchara hasta tocar la úvula (campanilla). Evite provocar el vómito en los siguientes casos:

  – Si observa quemaduras en los labios y boca (está totalmente contraindicado en la ingestión de cáusticos, como ácido sulfúrico, ácido nítrico, soda cáustica o potasa, ya que al vomitar vuelven a dañar el esófago, la boca o la vía respiratoria alta).
  – Si el aliento huele a keroseno, gasolina o derivados.
  – Cuando las instrucciones del producto así lo indiquen.
  – Si está inconsciente o presenta convulsiones.
  – Si han transcurrido más de dos horas desde que ingirió el tóxico.

PREVENCIÓN

Estas medidas simples ayudan a reducir los riesgos de accidentes domésticos con sustancias químicas y medicamentos.

- Se debe mantener fuera del alcance de los niños todos los medicamentos, limpiadores, detergentes, pinturas, barnices, solventes, pesticidas, fertilizantes, cosméticos y demás productos peligrosos.

- Utilizar cierres de seguridad en cajones, armarios y botiquines que contengan objetos peligrosos para los niños.

- Usar envases para medicamentos que tengan cierre a prueba de niños.

- No debe guardar sustancias peligrosas en envases normalmente usados para alimentos o bebidas. Hacerlo en envases más característicos de su contenido actual, y siempre ponerles nombre.

- No hay que guardar elementos de uso habitual como dentífrico, jabón o champú, en el mismo lugar que medicamentos o sustancias peligrosas.

- Una vez terminado un tratamiento con medicamentos de venta bajo receta, eliminar las cantidades sobrantes.

- No deben ingerirse nunca medicamentos delante de niños pequeños. Pueden tratar de imitarnos.

- Hay que anotar el número telefónico del centro de toxicología junto a todos los teléfonos de la casa.

RECUERDE

- Un tóxico es cualquier sustancia que a una determinada concentración produce efectos dañinos en los seres vivos (intoxicación). Una causa frecuente de intoxicación es la toma de dosis excesivas de medicamentos, drogas u otras sustancias que no son venenosas en pequeñas cantidades pero pueden serlo en cantidades mayores. Infórmese y tome precauciones respecto a los medicamentos, alimentos u otras sustancias que maneje y que potencialmente pueden ser tóxicas.
- Las principales medidas de primeros auxilios en una intoxicación son: traslade a la víctima cuanto antes a un centro asistencial, trate de averiguar el tipo de tóxico, la vía de penetración y el tiempo transcurrido desde la exposición al tóxico. No olvide el ABC de la valoración primaria. Si presenta quemaduras en los labios o en la boca, aplíquele abundante agua fría y sólo si está seguro del tipo de tóxico ingerido y está indicado, provoque vómito.

SABÍA USTED QUE...

- El concepto de tóxico es más amplio que el de veneno. Este término se reserva para sustancias cuya finalidad específica es causar daño.
- En los hospitales las intoxicaciones por vía digestiva, tras el lavado gástrico, se tratan casi siempre con una sustancia que impide su absorción (carbón activado). Si han pasado ya más de seis horas, estas medidas son ineficaces, porque ya se ha absorbido el tóxico. En estos casos se debe emplear el antídoto específico, si es que existe, ya que a menudo no es así.

CUESTIONARIO

1. ¿Cuál de estas afirmaciones respecto a la identificación del tóxico causante de una intoxicación no es correcta?

a) Llevar los recipientes que están cerca de la víctima a los servicios sanitarios no tiene valor, ya que puede haber ingerido cualquier otra cosa.

b) Si presenta vómito, recoja una muestra para que pueda ser analizado por los servicios sanitarios.

c) Si está seguro de la sustancia tóxica que ha ingerido la víctima, no dude en decirlo.

d) Busque y lleve los recipientes que están cerca de la víctima a los servicios sanitarios que van a valorar al accidentado, para que su contenido sea analizado.

2. ¿En cuál de estos casos puede provocar el vómito en una intoxicación?

a) Si observa quemaduras en los labios y boca, por lo que sospecha ingestión de cáusticos.

b) Si está inconsciente o presenta convulsiones.

c) Si ha tomado doce pastillas de paracetamol.

d) Cuando las instrucciones del producto así lo indiquen.

3. ¿Cuál no es una vía de intoxicación?

a) Vía inhalatoria.

b) Vía digestiva.

c) Vía circulatoria.

d) Todas lo son.

4. ¿Qué medida preventiva de intoxicación en el hogar no es adecuada?

a) Una vez terminado un tratamiento con medicamentos de venta bajo receta guárdelos por si le sirve en otra ocasión.

b) Mantener fuera del alcance de los niños todos los medicamentos, limpiadores, detergentes, pinturas, barnices, solventes, pesticidas, fertilizantes, cosméticos y demás productos peligrosos.

c) No guardar sustancias peligrosas en envases normalmente usados para alimentos o bebidas.

d) Guardar las sustancias peligrosas en envases más característicos de su contenido actual y siempre ponerles nombre.

REACCIONES ALÉRGICAS

INTRODUCCIÓN

Cuando las personas piensan en alergia, se imaginan a alguien con los ojos llorosos, estornudando y con secreciones por la nariz, generalmente como respuesta a algún agente precipitante como el polvo, el polen o al pelo de gato, pero las alergias se pueden presentar de muchas otras formas y pueden ser provocadas por muchos factores. Algunas veces es difícil determinar si una persona esta haciendo una reacción alérgica o es otra enfermedad, más en los niños, debido a que es más difícil encontrar la causa de la alergia.

La alergia es una forma exagerada o alterada de reaccionar de ciertas personas (reacciona el sistema inmunitario o de defensa) cuando se exponen a algunas sustancias del medio ambiente o cuando ingieren ciertos alimentos o medicamentos. Se les llama alérgenos a las sustancias que inducen alergias. Típicamente, la primera exposición al alérgeno provoca sólo una reacción leve. Sin embargo esta reacción inocua inicial hace que el sistema inmune se sensibilice a esa sustancia en particular, ocasionando síntomas cada vez que se expone a la misma.

El hombre actualmente esta expuesto a una infinidad de sustancias, elementos nuevos y complejos para los cuales no estaba preparado: han aparecido multitud de sustancias potencialmente alergénicas en relación con los importantes cambios producidos en el medio ambiente, y con el desarrollo industrial y tecnológico del hombre.

SUSTANCIAS QUE PRODUCEN ALERGIA: ALÉRGENOS

Elementos inertes (sin vida)

POLVO

El polvo casero es una mezcla de partículas casi invisibles que flotan en el aire, depositándose en todas las superficies. Contiene partículas originadas de cualquier elemento vivo o inerte (ropa, sábanas, colchas, libros, periódicos, peluches, mascotas, insectos, caspa humana...).

Mezclas parecidas se encuentran en oficinas, tiendas y almacenes.

CASPA, PLUMAS, PELOS Y LANA ANIMAL

La caspa de los animales domésticos como perros, gatos y caballos es un alergeno muy potente.

Las plumas de aves, la caspa de ratones y la lana de ovejas también causan alergias frecuentes.

POLEN DE PLANTAS

El polen de la hierba es más propenso a causar alergia porque es muy liviano y es fácilmente transportado largas distancias por el viento.

En cambio, el polen de la mayor parte de los árboles y flores es más pesado, sedimenta con rapidez y hay que estar bastante cerca del árbol para inhalarlo.

ALIMENTOS

Algunos alimentos pueden provocar una alergia rápidamente al ser ingeridos. Puede variar, desde una urticaria hasta una reacción mortal.

Los mariscos, fresas, nueces, huevos, leche, chocolate, tomate y mostaza son ejemplos frecuentes de este tipo de alergia.

Algunos alimentos producen una alergia que tarda más en aparecer porque requiere un proceso previo de digestión.

MEDICAMENTOS

Cualquier medicamento puede causar alergia, pero algunos son más propensos. Éste es el caso de la aspirina y sus derivados.

La penicilina y otros antibióticos también son causa frecuente de alergias y pueden inducirla por ingestión, por inyección o aplicada en ungüento.

Si una vaca es tratada con penicilina u otro antibiótico, puede aparecer en la leche y la ingesta de su leche por humanos puede producir alergias.

JOYAS, COSMÉTICOS, LÁTEX...

Producen sarpullido o erupciones en la piel en el sitio de contacto múltiples artículos que en su composición llevan elementos minerales, sintéticos o semi sintéticos, como anillos, cosméticos, látex...

Seres vivos

ÁCAROS

Son microorganismos de la familia de los arácnidos que viven sobre las almohadas y en el suelo, alimentándose de las escamas o células muertas que se desprenden de la piel de las personas.

INSECTOS

La cucaracha es el insecto que causa alergia con mayor frecuencia. Sin embargo, otros insectos como hormigas, polillas, moscas, etcétera también causan alergia debido al polvo que se forma cuando mueren y se desintegran.

La picadura de la abeja y la avispa puede sensibilizar a algunas personas. Anualmente mueren cientos de personas por reacciones alérgicas graves (anafilaxia), causadas por la picadura de estos insectos.

HONGOS

Los hongos son plantas microscópicas que crecen mayormente en lugares húmedos. Cuando crecen podemos observarlos a simple vista porque forman motas blancas y de diversos colores sobre objetos y superficies. Los hongos generan en grandes cantidades unas partículas microscópicas llamadas esporas, las cuales flotan en el aire y son inhaladas por las personas.

Estos hongos pueden ser ingeridos sin problema alguno por las personas (forman parte de la manufactura de quesos y otros alimentos).

AGENTES INFECCIOSOS

Cuando las bacterias, los virus y los parásitos causan infecciones en el ser humano pueden también producir urticaria.

TIPOS DE ALERGIA (SIGNOS Y SÍNTOMAS)

Las alergias tienen un componente hereditario y pueden empeorar por determinadas condiciones ambientales, por el ejercicio o por estrés emocional. Pero sin duda, las manifestaciones de la alergia dependen sobre todo del alérgeno involucrado, de la parte del cuerpo que entra en contacto con él y de la forma particular de reacción del organismo. Las reacciones alérgicas pueden provocar:

- Alergia cutánea (en la piel, provocando urticarias o eccemas).

- Rinitis-conjuntivitis alérgica:
  –Molestias en los ojos o en fosas nasales.
  –Enrojecimiento.
  –Picor y estornudos.
  –Tos y secreción de moco acuoso.
- Asma alérgica (se estrecha la vía aérea, bronquios o pulmón):
  –Dificultad para respirar.
  –Tos.
  –Opresión en el pecho.
- Aparato digestivo:
  –Diarrea.
  –Dolor abdominal.
- Reacción alérgica severa: anafilaxia (afectación general provocada por una reacción alérgica que puede comprometer la vida).

Aquellas personas con sistema inmune hipersensible pueden ver que sus síntomas alérgicos van cambiando con el tiempo: es típico que muchos presentan al año de vida alergias en la piel (eczema o dermatitis), asma en la infancia, rinitis alérgica en la adolescencia e infecciones en los senos nasales de adultos.

ANAFILAXIS (REACCIÓN ANAFILÁCTICA)

Junto con un empeoramiento agudo del asma alérgico, es la única reacción alérgica en la que unos primeros auxilios pueden ser claves, ya que puede comprometerse la vida en un corto espacio de tiempo. El resto permiten un tratamiento y control en el centro de salud (por el médico de familia).

La anafilaxis es una condición en la que aparecen graves y rápidas reacciones alérgicas a determinadas sustancias (alimentos o medicaciones) o a picaduras de insectos y aguijones. Esta reacción alérgica usualmente involucra más de una parte del cuerpo.

Si la condición es suficientemente severa puede llegar a causar la muerte. Las más severas son generalmente las que ocurren de forma prácticamente inmediata.

Causas

En general son las causas de cualquier reacción alérgica, pero hay determinados alérgenos que son especialmente propensos a provocar reacciones alérgicas graves.

AGUIJONES DE AVISPAS Y ABEJAS

Cuando un aguijón causa mareo, dificultades respiratorias, sarpullidos o hinchazón de una parte del cuerpo que no ha sido directamente atacada.

Si se hincha la zona atacada, probablemente no vaya a sufrir nunca un ataque anafiláctico si es aguijoneado nuevamente.

EJERCICIO

El ejercicio puede desencadenar reacciones alérgicas graves en algunas personas, sobre todo después de haber realizado una ingesta.

ALIMENTOS

Especialmente nueces, algunas clases de frutas como bananas, kivi, higos, naranjas, etcétera. Vegetales, incluidos la patata y los tomates. Ocasionalmente el pescado y algunas especias.

DROGAS Y MEDICACIONES

Penicilinas, drogas anestésicas, aspirinas y otros calmantes.

LÁTEX

Guantes de látex, preservativos y productos médicos. También por el contacto con otros elementos de la vida cotidiana fabricados con látex. Suele ocurrir a trabajadores expuestos a productos médicos y alimentarios.

DESCONOCIDOS

Algunas personas sufren ataques anafilácticos por causas desconocidas. Tales casos son denominados «anafilaxis idiopáticas», que justamente significa por causas desconocidas.

Signos y síntomas

- Rubor y picor intenso y extenso.
- Hinchazón generalizada (predominará en una zona).
- Hinchazón y hormigueo en los labios o en la boca.
- Vómitos.
- Dolor abdominal, diarrea y calambres.
- Hipotensión arterial, taquicardia.

- Mareo, disminución del nivel de consciencia, pudiendo llegar a perderla (inconsciencia), debido a una fuerte y abrupta caída de la presión sanguínea.
- Hinchazón en la garganta, provocando dificultad respiratoria y para tragar.
- Síntomas de asma: dificultad para respirar, tos y opresión en el pecho.

PRIMEROS AUXILIOS

- Como ya se ha señalado, las únicas reacciones alérgicas que precisan una rápida atención son el empeoramiento agudo de un asma alérgico y la reacción anafiláctica. El resto permiten control por el médico de familia o el especialista en alergia.
- Cualquiera de las dos situaciones expuestas requieren atención médica urgente: se debe llamar inmediatamente a un médico o a una ambulancia. Ninguna medida específica puede ser de ayuda para superar estas situaciones salvo el tratamiento médico.
- Aplique el ABC de la valoración primaria.
- En caso de empeoramiento agudo de un asma alérgico: hasta que sea visto por un médico, deberá aplicar los inhaladores pautados varias veces (lo normal es que se trate de un asmático conocido, por lo que tendrá cerca sus inhaladores).
- En caso de reacción anafiláctica: si antes ya había experimentado alguna reacción alérgica grave, tal vez tenga medicación pautada por el especialista de alergia o por el médico de familia para tomar rápidamente si sucede de nuevo la reacción (pueda ayudar a superar los síntomas hasta que sea visto por un servicio sanitario).
- Hay otro tipo de reacciones que pueden resultar muy molestas (reacciones cutáneas, digestivas...), por lo que si no es fácil que su médico le puede ver pronto, acuda a las urgencias de un centro de salud o de un hospital.

PREVENCIÓN

- Toda persona con sospecha de alergia debe acudir a su médico de familia, quien valorará si es necesario derivarlo al especialista de alergia para planificar su tratamiento y seguimiento.
- Si es alérgico, tome correctamente el tratamiento.
- Si conoce el alérgeno al que es usted susceptible, evite la exposición, sobre todo si ha tenido ya una reacción grave. Ante el mínimo síntoma similar, acuda a un centro sanitario.

RECUERDE

- Ante un empeoramiento agudo de un asma alérgico o una reacción anafiláctica, se debe llamar inmediatamente a un médico o a una ambulancia. Ninguna medida específica puede ser de ayuda para superar estas situaciones salvo el tratamiento médico. En caso de empeoramiento agudo de un asma alérgico, hasta que sea visto por un médico, deberá aplicar los inhaladores pautados varias veces. En caso de reacción anafiláctica, si antes ya había experimentado alguna y tiene medicación pautada por el especialista de alergia o por el médico de familia para ello, tómela sin demora.
- Si conoce el alérgeno al que es usted susceptible, evite la exposición, sobre todo si ha tenido ya una reacción grave. Ante el mínimo síntoma similar, acuda a un centro sanitario.

SABÍA USTED QUE...

- El sistema inmunitario o sistema de defensa del organismo es el que está involucrado en la alergia. Dicho sistema está constituido por un conjunto de células que se encuentran tanto circulando por la sangre como formando parte de distintos órganos. Su misión es reconocer la entrada en nuestro cuerpo de elementos extraños y organizar la defensa frente a ellos (respuesta inmunitaria). Gracias a ello nuestro sistema inmunitario reconoce a las bacterias, virus u otros agentes ajenos a nuestro organismo causantes de la infección. Si no fuera así, cualquier infección de las que sufrimos a lo largo de nuestra vida (una gripe o un resfriado) podría tener consecuencias fatales al no encontrar resistencia a su progresión.
- El sistema inmune funciona así: en respuesta a la exposición de los contaminantes del medio ambiente y a la ingestión de alimentos o medicamentos, la sangre forma unas sustancias llamadas *anticuerpos* que son los responsables de los síntomas. Un anticuerpo es una proteína producida por el sistema inmune

en respuesta a la presencia de un *antígeno* (en este caso el alérgeno). Por ejemplo, en el asma alérgica, los anticuerpos se adhieren a las membranas mucosas en el interior de la nariz o en las membranas mucosas de los bronquios. Cuando volvemos a hacer contacto con los alergénicos por inhalación, se depositan en las membranas mucosas de la nariz o de los bronquios donde hacen contacto con los anticuerpos de la alergia. El resultado de este encuentro es la dilatación de los vasos sanguíneos en la mucosa nasal permitiendo el escape de líquido de la sangre y resultando en goteo nasal, los estornudos o la contracción de unos pequeños músculos que rodean los bronquios (haciendo que se cierren y obstruyendo el flujo de aire). Esto se traduce en el ronquido o pito típico del asma. Si el alergeno es un alimento o un medicamento y lo ingerimos o nos lo inyectan con jeringa (también en el caso de la picadura de un insecto), las sustancias pasan a la sangre y son transportadas a la piel, donde reaccionan con los anticuerpos de la alergia y hace que se dilaten los vasos sanguíneos, escapándose líquido y causando la formación de ronchas y la hinchazón.

- ¿Sabe usted qué es lo que causa alergia de los ácaros? La provoca la excreta (los excrementos) de estos animalitos. El excremento del murciélago, la murcielaguina, también causa una alergia muy severa que vemos en personas que viven en casas de madera. Es causa frecuente de asma en niños cuando estudian en escuelas hechas con madera.

- ¿Cuál es el elemento químico protagonista en la alergia? La histamina, responsable de gran parte de la respuesta inflamatoria. La histamina puede causar una variedad de síntomas, como picor, hinchazón, congestión, espasmos musculares, urticaria y sarpullido. Por eso, en el tratamiento de la alergia, la base son los antihistamínicos. También son importantes los corticoides (son anti-inflamatorios).

CUESTIONARIO

1. **Las reacciones alérgicas pueden darse en:**
   a) La piel.
   b) El pulmón.
   c) El aparato digestivo.
   d) Todas.

2. **El sistema inmune es:**
   a) El encargado de expulsar las heces.
   b) No existe en el ser humano.
   c) El responsable de la defensa de nuestro cuerpo frente a las peque-
      ñas partículas que pueden contactar con nosotros, bien por la piel,
      la respiración, el torrente circulatorio...
   d) El responsable de la coagulación.

3. **¿Qué sustancia química es importantísima en la alergia?**
   a) La alerginina.
   b) La histamina.
   c) La eritropoyetina.
   d) La sustancia R2D2.

4. **En una reacción alérgica, ¿cuándo no debe acudir a urgencias?**
   a) Ante la sospecha de que se ha producido una reacción alérgica
      grave (reacción anafiláctica).
   b) Cuando un asma alérgica que está empeorando no se controla con
      los inhaladores habituales.
   c) Ante un eccema muy molesto tras ingerir marisco y si su médico
      no le puede atender hasta el día siguiente.
   d) Si le han salido unos granitos en el pecho después de un día en el
      campo.

MAREO

El mareo no es un síntoma bien definido, ya que es una sensación muy inespecífica, que puede ser: debilidad intensa, inseguridad en los pies o sensación de inestabilidad, giro de objetos, sensación de caída al suelo o de pronta pérdida de la consciencia...

En ocasiones se acompaña realmente de pérdida de conocimiento. De lo que no hay duda es que la sensación de mareo resulta muy molesta, haciéndole sentir a la persona que la padece muchas veces miedo a que le suceda algo grave.

El mareo se produce generalmente por dos motivos: porque el cerebro no recibe suficiente oxígeno o energía (glucosa) para su funcionamiento normal o porque hay una alteración en el sistema que regula el equilibrio (oído interno y sistema nervioso).

CAUSAS

Son muchas las causas que pueden producir mareo o desmayo, la mayoría de ellas inofensivas.

Procesos banales

Son los más frecuentes.

- Alteración transitoria en el sistema nervioso que regula la circulación, de manera que los vasos sanguíneos se relajan momentáneamente y dejan de llevar sangre al cerebro, por lo que se produce la sensación de mareo (*mareo vasovagal u ortostático* o, popularmente, lipotimia). Es la causa más frecuente con diferencia. Se puede producir ante múltiples estímulos, como:
    - –Una impresión muy fuerte: ver sangre, sentir miedo...
    - –Dolor intenso.
    - –Calor o cambios de temperatura.
    - –Giros bruscos, dar vueltas repetidamente...
    - –Gran cansancio o falta de sueño.
    - –Muchas veces no es conocida la causa.

- Vértigo periférico.
  –Alteración o envejecimiento del sistema que controla el equilibrio (muchas personas mayores, igual que tienen cataratas o arrugas, pueden tener mareos porque envejecen los órganos del equilibrio).
- Fiebre (los procesos infecciosos agudos, como una gastroenteritis, gripe...).
- Estados de ansiedad, sobre todo si hay respiración agitada y superficial (hiperventilación).

Procesos no banales

El desmayo también puede ser señal de una enfermedad importante, potencialmente fatal cuando se debe a una afección del corazón, del sistema circulatorio o del sistema nervioso central. Las causas no banales más frecuentes del mareo pueden son:

- Trastornos cardiacos.
- Trastornos en el sistema circulatorio.
- Trastornos neurológicos (sistema nervioso central).
- Anemia.
- Disminución del nivel de azúcar en sangre (hipoglucemia).
- Crisis de hipertensión arterial.
- Pérdida de sangre, deshidratación, golpe de calor, intoxicación o reacción alérgica grave.

SIGNOS Y SÍNTOMAS

Los principales síntomas que pueden ocurrir durante un mareo, pueden ser (la aparición de unos u otros síntomas depende de la causa del mareo):

- Palidez cutánea.
- Sudoración.
- Dolor abdominal.
- Alteraciones de la visión.
- Palpitaciones.
- Dolor torácico.
- Cefalea.
- Relajación del esfínter vesical o anal (se orina o hace deposición).
- Pérdida de la consciencia.
- Heridas, golpes o fracturas ocasionados por la caída al perder la consciencia.

PRIMEROS AUXILIOS

Medidas generales

● Si ha perdido el conocimiento, aplique el ABC de la valoración primaria. Voltee la cabeza de la víctima hacia un lado, para que en caso de que vomite no se ahogue.

● Si todavía no ha perdido el conocimiento, acérquela al suelo o a una silla, para evitar la caída en caso de que efectivamente lo pierda.

● Túmbela en el suelo con las piernas en alto. Si no ha perdido el conocimiento puede estar sentada con la cabeza entre las piernas.

● Manténgala abrigada. Si la víctima usa prendas de vestir apretadas, aflójelas.

● *Si el mareo es pasajero en una persona joven o está claramente identificada la causa como banal* (fiebre, persona que se impresiona fácilmente con la sangre o que se marea habitualmente con los cambios de temperatura...) no es preciso atención médica aunque llegue a perder momentáneamente el conocimiento.

Signos de alarma por los que debe llamar a un médico urgentemente

● Si quien padece el mareo tiene alguna enfermedad grave que puede estar relacionada: sobre todo si es enfermo del corazón o diabético (atención a las subidas o bajadas de azúcar).

● Si es intenso y sucede después hacer ejercicio, sobre todo en una persona mayor.

● Si hay relajación de esfínter anal y vesical.

● Si existe pérdida de conocimiento durante más de un minuto o lo pierde bruscamente (sin síntomas previos, como sudoración, mareo...).

● Si existe focalidad neurológica: trastorno en el habla, en la sensibilidad, en la fuerza (en una parte del cuerpo), convulsiones...

● Si hay dolor torácico, palpitaciones o falta de aire.

RECUERDE

- Las medidas generales ante cualquier mareo importante son: aplicar el ABC de la valoración primaria si ha perdido el conocimiento. Si todavía no lo ha perdido, acerarse al suelo o a una silla para evitar golpearse en caso de que efectivamente lo pierda. Tumbarlo en el suelo con las piernas en alto o sentarlo con la cabeza entre las piernas. Si presenta cualquiera de los signos de alarma, avisar a un médico.
- La mayoría de los mareos son banales, pero en caso de duda, si padece una enfermedad grave (sobre todo diabetes o enfermedad del corazón) o si acompaña algún síntoma alarma (pérdida de conocimiento más de un minuto, dolor torácico, convulsiones...) no dude en buscar ayuda médica urgente.

SABÍA USTED QUE...

- ¿Cuáles son los órganos del equilibrio? El oído interno, donde está el laberinto, y el sistema nervioso, que lo hace sobre todo a través de los nervios periféricos (reciben señales de las articulaciones, de los músculos, de la piel...), del cerebelo, situado detrás y debajo del cerebro y de otras partes del encéfalo. La regulación del equilibrio es compleja y por eso muchas veces no es fácil determinar el origen de algunos mareos.
- Las células del cerebro que se mueren ya no se regeneran. El alcohol o la falta de glucosa (las hipoglucemias) son algunas de las causas que acaban con numerosas neuronas (las células del cerebro), por lo que además del mareo que sufren, quien consume alcohol o tiene baja la glucosa, sistemáticamente, corre el riesgo de dañar su cerebro.

CUESTIONARIO

1. No es un síntoma de alarma ante un mareo si quien lo padece:
   a) Se ha orinado y ha hecho deposición.
   b) Tuvo un infarto de corazón hace un año.
   c) Tiene 20 años y presenta fiebre de 39º C por una gripe.
   d) Ha perdido la fuerza en el lado derecho del cuerpo durante cinco minutos.

2. La mayoría de los mareos:
   a) Son por enfermedades graves.
   b) Son por enfermedades banales.
   c) Son por infarto cerebral.
   d) Se presentan en la primera década de la vida.

3. Si un familiar que se impresiona fácilmente con la sangre se corta en un dedo con un cuchillo, sangra discretamente, se pone pálido y cae al suelo con los ojos cerrados:
   a) Se trata de un mareo vasovagal (popularmente una lipotimia). Si tumbado le pongo las piernas en alto probablemente recupere la conciencia en pocos instantes.
   b) Debo llamar rápido a una ambulancia.
   c) Quiere llamar la atención. Lo mejor es dejarlo solo.
   d) Debo darle de beber mucha agua.

4. ¿Cuál de estas no es una señal de alarma en un mareo?
   a) Es una persona diabética el que lo padece.
   b) Ha perdido la consciencia durante diez minutos.
   c) Tiene sesenta años y tras correr presenta intenso mareo, dolor torácico y le falta el aire.
   d) Tras bajar de la montaña rusa, está algo aturdido.

ANEXOS

ATAQUES EPILÉPTICOS

INTRODUCCIÓN

La epilepsia es una enfermedad que suele presentarse en las primeras décadas de la vida y su pronóstico es bueno habitualmente, sobre todo si hacen el tratamiento correcto. Si su comienzo se sitúa por encima de los cuarenta años es distinto, ya que a menudo manifiesta la aparición de una enfermedad del sistema nervioso central grave.

Las convulsiones generalmente son de corta duración (unos pocos minutos) y pueden ser en una parte o en todo el cuerpo. El enfermo puede perder el conocimiento y golpearse.

PRIMEROS AUXILIOS

- No trate de sostener a la víctima durante las convulsiones: déjela que convulsione. Si le sujeta puede ser peor, ya que puede ocasionar daños en el sistema músculo-esquelético (puede dañar músculos y hasta romper huesos).
- Coloque algo blando bajo su cabeza para que no se la golpee contra el suelo (ropa, una toalla...).
- Retire todos los objetos que puedan lastimar al paciente durante las convulsiones.
- No le golpee la cara ni le salpique agua.
- No ponga su dedo o un objeto fuerte entre los dientes del afectado.
- Fíjese bien en el tiempo que dura la crisis y el tipo de movimientos que hace el afectado. Pueden servir de ayuda para los médicos.
- Tras finalizar la crisis debe ir a un hospital, a no ser que fuera ya conocida la epilepsia y estuviera en seguimiento por un neurólogo, ya que en este caso puede esperar a ir a la consulta el día siguiente si la recuperación es buena.
- Si no va a ir al hospital, cuando haya pasado el ataque debe estar en un lugar confortable y dormir si así lo desea.

TELÉFONOS DE SERVICIOS DE URGENCIAS

En este apartado figuran los teléfonos de algunos de los servicios de urgencias más importantes de España y México. Si usted pertenece a otro país o piensa realizar algún viaje al extrajero es conveniente conseguir los teléfonos de urgencia más habituales.

No hay que olvidar el teléfono móvil en un viaje. Puede resultar verdaderamente útil.

ESPAÑA

- Teléfono Único de Urgencias (urgencias en general):
112 (24 horas): Atención a cualquier llamada en español, inglés o alemán con acceso a los servicios de urgencias en situaciones de accidentes, incendios, seguridad ciudadana y salvamentos terrestres y marítimos.
- Teléfonos de Urgencias Sanitarias:
  - –Asturias: 006
  - –País Vasco: 088
  - –Comunidad Valenciana: 085
  - –Resto de España: 061
- Farmacias de guardia: 098 <www.cof.es>.
- Policía
  - –Policía Nacional: 091
  - –Policía Municipal: 092
- Guardia Civil:
  - –Información general: 062
  - –Guardia Civil de Tráfico: 91 457 77 00
- Tele Ruta (estado de las carreteras): 91 535 22 22
- Cruz Roja:
  - –Emergencias: 91 522 22 22
  - –Intoxicaciones: 91 562 04 20
  - –Ambulancias: 91 479 93 61

- Teléfonos de urgencias toxicológicas:

El Instituto de Toxicología es un órgano técnico dependiente del Ministerio de Justicia.

Entre sus diversos cometidos figura el servicio de atención de aquellas consultas que se formulen sobre la prevención y el tratamiento de las intoxicaciones.

El servicio es totalmente gratuito para el usuario.

A continuación figuran los teléfonos de las tres ciudades españolas con mayor peso demográfico.

MADRID: 91 562 04 20   Horario 24 horas
BARCELONA: 93 317 44 00   Horario de 8:00 – 15:00
SEVILLA: 95 437 12 33   Horario de 8:00 – 15:00

Para más información, se puede consultar la página oficial del Ministerio de Sanidad y Consumo: <www.msc.es>.

MÉXICO

- Teléfonos generales para todo el país
  - Emergencias: 080
  - Emergencias desde un celular: 080 ó 911
  - Urgencias a nivel nacional: 066
  - Emergencias Cruz Roja: 065

- Teléfonos México D.F.
  - Bomberos: 068, 5768-8261 y 5768-3700
  - Cruz Roja: 065, 5527-5757 y 5395-1111
  - Escuadrón de rescate: 5588-5100 EXT 8726 ó 8729

- Teléfonos Guadalajara
  - Protección civil: 3675-3060
  - Bomberos: 068, 3619-0794, 3619-5153, 3619-5155 y 3619-5241
  - Cruz Roja: 065, 3613-1550, 3614-2707 y 3614-5600
  - Cruz Verde: 3613-1293 y 3613-1572

- Teléfonos Monterrey
  - Bomberos: 8 342 0055
  - Cruz Roja: 065 y 8 375 1212
  - Protección civil: 8 387-0753 y 8 387-0754

RESPUESTAS A LOS CUESTIONARIOS

Normas generales

1.- b; 2.- c; 3.- d; 4.- a

Anatomía y función del cuerpo humano

1.- b; 2.- b; 3.- a; 4.- d

El botiquín

1.- d; 2.- c; 3.- d; 4.- a

Valoración del accidentado

1.- b; 2.- c; 3.- d; 4.- a

Orden de prioridades en un accidente

1.- a; 2.- c; 3.- b; 4.- c

Reanimación cardiopulmonar

1.- c; 2.- d; 3.- a; 4.-

Transporte del accidentado

1.- c; 2.- d; 3.- b; 4.- b

Traumatismo craneoencefálico

1.- a; 2.- c; 3.- a; 4.- b

Heridas

1.- d; 2.- b; 3.- a; 4.- d

Lesiones en huesos y articulaciones

1.- c; 2.- d; 3.- a; 4.- a

Vendajes

1.- a; 2.- d; 3.- b; 4.- a

Hemorragias externas

1.- b; 2.- d; 3.- c; 4.- d

Hemorragia interna

1.- a; 2.- b; 3.- c; 4.- a

Quemaduras

1.- a; 2.- c; 3.- b; 4.- c

Quemaduras eléctricas

1.- a; 2.- b; 3.- c; 4.- d

Asfixia por cuerpo extraño

1.- c; 2.- a; 3.- c; 4.- a

Asfixia por inmersión

1.- d; 2.- d; 3.- c; 4.- b

Picaduras

1.- b; 2.- d; 3.- c; 4.- b

Mordeduras y arañazos

1.- d; 2.- a; 3.- d; 4.- d

Intoxicaciones

1.- a; 2.- c; 3.- d; 4.- a

Reacciones alérgicas

1.- d; 2.- c; 3.- a; 4.- d

Mareo

1.- c; 2.- b; 3.- a; 4.- d

GLOSARIO

A

Ácido fítico. Sales de potasio, calcio o magnesio que impiden la absorción, a nivel intestinal, de hierro o de calcio.

Ácido fólico. Vitamina del grupo B.

Ácidos grasos. Elemento constituyente de las grasas. A diferencia de los aceites, éstos se encuentran en estado líquido a temperatura ambiente.

Ácido graso linoleico. Ácido graso esencial, presente en los aceites de semillas.

Ácido graso linolénico. Ácido graso esencial, presente en el aceite de soja.

Ácido oleico. Ácido graso monoinsaturado, presente en el aceite de oliva.

Ácidos grasos: Unidad básica de las grasas. Si el nivel de insulina es bajo y no hay suficiente glucosa para utilizarla como fuente de energía, el organismo quema los ácidos grasos. Cuando el organismo los utiliza como combustible para las células, se forman cuerpos cetónicos. El acúmulo de cuerpos cetónicos en sangre puede hacer que los niveles de ácido en la sangre sean demasiado altos, produciéndose cetoacidosis.

Ácidos grasos monoinsaturados. Ácidos grasos en los que únicamente hay un doble enlace en su estructura química (por ejemplo el aceite de oliva).

Ácidos grasos poliinsaturados. Ácidos grasos en los que hay varios dobles enlaces en su estructura química (por ejemplo el aceite de girasol).

Ácido grasos saturados. Ácidos grasos en los que no hay dobles enlaces en su composición. A diferencia de los ácidos grasos monoinsaturados y poliinsaturados los saturados suelen ser sólidos a temperatura ambiente (por ejemplo la manteca)

Ácidos grasos Omega 3. Los ácidos grasos Omega 3 son ácidos grasos poliinsaturados que se encuentran presentes en determinados alimentos, especialmente en pescados, frutos secos y aceites de semillas.

Accidente cerebrovascular. Causado por lesión de los vasos sanguíneos del cerebro. Dependiendo de la parte afectada, un accidente cerebrovascular puede producir pérdida en el habla o parálisis de una parte del cuerpo, como un brazo o una pierna.

Acetona: Producto que se forma en la sangre cuando el organismo en lugar de utilizar azúcar usa las grasas como fuente de energía. Su producción es debida a que las células no tienen suficiente insulina o que no la pueden usar para aprovechar la glucosa como fuente de energía. La acetona se excreta en la orina.

Acidosis. Existencia excesiva de ácido en el cuerpo.

Aditivo. Sustancias que se añaden a los alimentos para mejorar las características organolépticas o favorecer su conservación.

Afasia. Defecto del lenguaje consecutivo a una lesión cerebral que perturba la utilización de las reglas precisas para la producción y/o la compresión de la palabra.

Agorafobia. Término introducido por Westphal (1871) que significa «miedo al mercado». En la actualidad este término es utilizado para describir un tipo de fobia en la que los sujetos temen perder el control en lugares públicos. Su manifestación extrema consiste en no querer salir de casa y el síntoma más importante es la ansiedad.

Agudo. Que ocurre en breve espacio de tiempo con: comienzo rápido; severo; fuerte.

Adversos, efectos. Resultados negativos o nefastos.

Albúmina. Proteína que se encuentra en la sangre y cuya misión es transportar pequeñas moléculas y mantener el líquido en los vasos sanguíneos. Cuando es baja en sangre, el líquido de los vasos sale a los tejidos produciéndose edemas.

Albuminuria. Cuando la albúmina, se encuentra en cantidades superiores a lo normal en la orina . Puede ser un síntoma de la afectación renal y un problema en diabéticos.

Alfa, células. Se encuentran en el páncreas, en los islotes de Langerhans y tienen la misión de producir y liberar glucagón, que aumenta los niveles de azúcar en sangre.

Alimentos funcionales. Alimentos modificados al eliminar o añadir alguno de sus ingredientes.

Alimento prebiótico. Alimento que no puede ser digerido por nuestro organismo, pero que estimula el crecimiento o la actividad de determinados microorganismos vivos (microflora intestinal).

Alimento probiótico. Microorganismos vivos de efectos beneficiosos sobre determinados alimentos. En este grupo se encuentran los *Lactobacillus* y las *Bifidobacterias*.

Alimento transgénico. En el que ha participado la ingeniería genética.

Alucinación. Percepción de gran viveza que aparece en ausencia de un estímulo sensorial relevante. Ésta puede afectar a cualquier sentido de forma aislada o conjunta. Es una característica de la esquizofrenia y la manía, así como de los estados de intoxicación por marihuana, cocaína, anfetaminas, alucinógenos, alcohol y otros.

Alzheimer, enfermedad de. Enfermedad neurodegenerativa progresiva que afecta aproximadamente al 10 por 100 de los sujetos mayores de 65 años y al 20 por 100 de los mayores de 80. Explica casi la mitad de los casos de demencia senil y se caracteriza por empeoramiento progresivo de la capacidad cognitiva (la memoria, la abstracción y el razonamiento), y por cambios de la personalidad y de la conducta (depresión, agitación, síntomas paranoides, insomnio, vagabundeo, desvaríos y agresión).

Ambivalencia: Estado de ánimo, transitorio o permanente, en el que coexisten dos emociones o sentimientos opuestos, como el amor y el odio.

Amilasa. Enzima que se encarga de descomponer o fragmentar los hidratos de carbono complejos en otros más sencillos mediante glándulas salivares y páncreas.

Aminoácidos. Compuestos químicos que al juntarse forman las proteínas.

Anhedonia. Incapacidad para obtener placer de situaciones y estímulos que habitualmente lo producen. Afecta mucho a la calidad de vida y posee impacto directo sobre la motivación del ser humano, refuerza la falta de dinamismo, agrava el estado de ánimo y, en determinados trastornos psiquiátricos, afecta al deseo de vivir o morir.

Anomalías. Son defectos de nacimiento, también llamadas anormalidades.

Anorexia. Falta anormal de apetito, dentro de un cuadro depresivo, por lo general en mujeres adolescentes, y que puede ser muy grave.

Ansiolítico. Que disuelve o calma la ansiedad.

Antiagregante. Sustancia que evita la formación de masas o agregados plaquetarios.

Antidepresivo. Que combate la depresión psíquica.

Antidiabéticos orales. Fármacos que ayudan a controlar los niveles de glucosa en la sangre. También llamados hipoglucemiantes orales.

Antihipertensivo. Eficaz contra la hipertensión arterial.

Antígenos. Sustancias que producen en el organismo una respuesta inmune porque los considera sustancias extrañas y agresivas y lucha contra ellas con anticuerpos.

Antioxidante. Sustancias que detienen la oxidación celular, responsable del envejecimiento y daño celular.

Antitrombótico. Sustancia capaz de evitar la formación de trombos en la circulación.

Apatía. Falta de motivación. Puede manifestarse con síntomas de trastornos médicos y neurológicos (por ejemplo, demencia) y puede constituir un síndrome cuando la falta de motivación es la característica predominante de la presentación clínica.

Arteriosclerosis. Enfermedad en la que las paredes de las arterias se van haciendo más duras y gruesas porque la grasa se acumula en su interior y va retrasando poco a poco el flujo de la sangre.

Arteria. Vaso de un gran tamaño que conduce la sangre desde el corazón a otras partes del cuerpo. Son más gruesas que las venas y tienen paredes más fuertes y elásticas.

Aspartamo. Edulcorante bajo en calorías y formado por el ácido aspártico, la fenilanina y una pequeña cantidad de metanol. Se encuentran en la leche y el metanol se halla de forma natural en nuestro cuerpo.

Astenia. Falta o pérdida de fuerza.

Atrofia. Disminución de volumen y peso de un órgano por defecto de nutrición.

Azúcares. Carbohidratos dulces que son un combustible fácilmente asimilable.

B

Beta, células. Células que se sitúan en el páncreas en unas zonas llamadas islotes de Langerhans y tienen la misión de producir y liberar insulina, que es una hormona que controla el nivel de glucosa o azúcar en la sangre.

Biotina. Vitamina hidrosoluble, del grupo B.

Bolo. Acción de inyectarse rápidamente la insulina para compensar un aumento esperado de la glucosa como es la de después de comer, también se le llama a una inyección rápida, por lo general intravenosa, de cualquier tipo de sustancia.

Bomba implantable de insulina. Aparato que se coloca internamente y que mide los niveles de glucosa, consta de un deposito que va inyectando la insulina necesaria en cada momento, a través de un catéter subcutáneo.

C

Callo. Dureza de la piel, por lo general en el pie, dura al tacto.

Caloría. Medida de calor. Cantidad de calor que hay que aplicar a un gramo de agua para que su temperatura se incremente un grado centígrado. Se usa para medir la cantidad de energía que nos aportan los alimentos.

Calostro. Secreción de las mamas que precede a la aparición de la leche.

Capilares. Los más pequeños de los vasos sanguíneos.

Carbohidratos. Uno de los tres principales tipos de alimentos y fuente de energía. Son almidones y azúcares que forman la glucosa, azúcar que utiliza el organismo para alimentar las células y para formar glucógeno que se almacena en el hígado y los músculos.

Carcinógeno. Sustancias capaces de desarrollar la aparición de células cancerígenas.

Cardioprotector. Sustancia que protege al sistema cardiovascular.

Cardiovascular. Relativo al aparato circulatorio y al corazón.

Caroteno. Hidrocarburo rojo o anaranjado presente en las zanahorias, tomates, albaricoques... Provitamina que se transforma en vitamina A.

Caseína. Proteína presente en la leche.

Catarata. Opacidad creciente en una de las lentes del ojo llamada cristalino.

Catecolaminas. Sustancias producidas en el organismo a partir de algunos aminoácidos como la tirosina. Sus funciones son muy variadas como estimular la liberación de glucosa a la sangre desde los depósitos del hígado.

Cefalea. Dolor de cabeza.

Célula. Unidad estructural y funcional de todos los seres vivos. El conjunto de varias células que realizan una misma función determina la aparición de tejidos, la unión de los tejidos constituye los órganos, los cuales, a su vez, se agrupan formando aparatos.

Cetoacidosis diabética. Diabetes severa, fuera de control con elevada cantidad de glucosa en sangre y que necesita tratamiento de emergencia. Se puede producir por: una enfermedad, por dosis baja de insulina o por no hacer ejercicio. Se da cuando existe alto nivel de azúcar en sangre y el cuerpo tiene que utilizar las grasas que tiene almacenadas como fuente de energía produciéndose cuerpos cetónicos. Es un

proceso progresivo con nauseas y vómitos, dolores de estómago y respiración ace-
lerada, cara enrojecida, la piel y la boca seca, olor a manzana del aliento, pulso
rápido y debilitado junto con presión sanguínea baja.

Cetonuria. Presencia de cuerpos cetónicos en la orina.

Charcot, Pie de. Complicación del pie asociada a neuropatía diabética resultado de la
destrucción de articulaciones y tejidos bandos.

Ciclamato. Se utiliza como sustitutivo del azúcar y es un producto sintético.

Circulación. Paso del flujo sanguíneo a través del corazón y de los vasos sanguíneos.

Cognición. Conocimiento, comprensión, razonamiento.

Colesterol. Sustancia parecida a la grasa que está en la sangre, músculos, hígado, cerebro y otros tejidos. El organismo lo fabrica porque lo necesita, pero su exceso hace que
se pegue en las arterias.

Coma. Situación muy similar a la del sueño pero en la que la persona no es consciente.

Coma diabético. Caso de emergencia que se produce cuando los niveles de glucosa
son muy altos (hiperglucemia) o muy bajos (hipoglucemia).

Coma hiperosmolar. Produce pérdida de la consciencia y se debe a niveles muy altos
de glucosa en sangre requiriendo ratamiento urgente.

Comatoso. En coma; inconsciente.

Comorbilidad. Término acuñado por Feinstein (1970) para describir el fenómeno de
superposición de trastornos en un mismo paciente. En psiquiatría se refiere a la coexistencia, dentro de un período determinado, de dos o más trastornos psíquicos de
diferentes etiologías. Por ejemplo, existe una tendencia importante a la coexistencia
de drogadicción y esquizofrenia, depresión y trastornos de ansiedad o trastorno límite
de la personalidad, y trastorno por estrés postraumático asociado con depresión.

Compulsión. Inclinación, pasión vehemente y contumaz por algo o alguien. Conducta
repetitiva, que aparentemente se realiza con un objetivo, según determinadas reglas o
de una forma estereotipada (DSM-IV). En general, el individuo reconoce lo absurdo
de su conducta que no le produce placer, aunque sí le ayuda a aliviar la tensión.

Congénitos, defectos. Problemas o malformaciones presentes en el nacimiento.

Corticoide. Cada una de las hormonas esteróidicas producidas por la corteza de las
glándulas adrenales y sus derivados que pueden sintetizarse artificialmente.

Cortisol. Glucocorticoide fisiológico producido por la corteza suprarrenal.

Creatinina. Sustancia de la sangre que pasa a la orina. Existe un test, llamado «aclara-
ción de creatinin», para la determinación de creatinina en sangre y/u orina.

Crónico. Que perdura en el tiempo.

Cuerpos cetónicos. Son ácidos cuya acumulación produce acidosis. Son productos
de metabolización de las grasas que se dan en grandes cantidades cuando el organismo no tiene una cantidad suficiente de insulina para utilizar glucosa como fuente
de energía.

D

Demencia. Alteración global de la función cognitiva, habitualmente progresiva, que interfiere con las actividades sociales y profesionales normales, incluso a pesar de que el paciente esté completamente consciente.

Demencia multiinfarto. Forma de demencia relacionada con el infarto cerebral. Su frecuencia aumenta con la edad, especialmente en personas mayores de 85 años.

Depresión. Estado de disminución del estado de ánimo, con frecuencia acompañado por alteraciones del sueño, energía, apetito, concentración, intereses y deseo sexual.

Deshidratación. Pérdida importante de agua. Una gran cantidad de glucosa puede provocar su eliminación excesiva y el enfermo se encontrará permanentemente sediento.

Diabetes. Enfermedad endocrinológica que se produce por una disminución, total o parcial, en la síntesis de insulina pancreática.

Diálisis. Método que se utiliza cuando los riñones no pueden efectuar sus funciones.

Diálisis peritoneal. Introducción de un tubo en el peritoneo, un tejido fino que tapiza la cavidad del abdomen, para luego eliminar los productos de desecho.

Dieta mediterránea. Alimentación sana basada en las hortalizas, cereales, leguminosas, frutas, aceite de oliva y pescado.

Disacáridos. Hidratos de carbono constituidos por dos monosacáridos.

Disforia. Inquietud, malestar; opuesto a la euforia.

Disociación. Desestructuración de la personalidad propia de la esquizofrenia, cuyos efectos se manifiestan en la afectividad, actividad y procesos intelectuales.

Diurético. Fármaco que aumenta el flujo de orina para eliminar un exceso de fluido.

Dopamina. Neurotransmisor derivado de la dopa que actúa en los ganglios basales del cerebro.

E

Edema. Tumefacción o hinchazón por acumulación de agua en los tejidos.

Edema de mácula. Hinchazón de la mácula que es un punto en el centro de la retina.

Edulcorante. Sustancia que confiere un sabor dulce a los alimentos.

Egodistónico. Aspectos del pensamiento, impulsos, actitudes y comportamientos que perturban al propio individuo; es opuesto a egosintónico.

Edulcorante. No es más que un endulzante.

Endulzante. Cualquier tipo de sustancia que aporta un sabor dulce, pudiendo ser; naturales o artificiales, nutritivos o no nutritivos.

Endulzantes nutritivos. Son aquellos que aportan calorías como la fructosa.

Endulzantes no nutritivos. Si no aportan calorías como la sacarina.

Enuresis. Eliminación involuntaria de orina, habitualmente nocturna.

Epilepsia. Alteración transitoria y paroxística de la función cerebral, que aparece de forma repentina, cesa espontáneamente y posee una característica tendencia a la recurrencia.

Esquizofrenia. Grupo de enfermedades mentales correspondientes a la antigua demencia precoz, que se declaran hacia la pubertad y se caracterizan por disociación específica de las funciones psíquicas que conduce, en los casos graves, a una demencia incurable.

Estigma. Lesión o trastorno funcional de enfermedad constitucional y hereditaria.

Enzima. Sustancias presentes en nuestro organismo, generalmente de origen proteico, que enlentecen o aceleran las reacciones químicas.

F

Fibra. Sustancia que se encuentra en los vegetales y que colaboran en la digestión, en la reducción del colesterol y el control de glucosa en sangre. Hay dos tipos: las insolubles y las hidrosolubles.

Fondo de ojo. Es la parte más profunda del ojo, incluyendo aquí la retina.

Fructosa. Tipo de azúcar que se usa para endulzar postres dietéticos.

Fuga de ideas. Flujo continuo y rápido del pensamiento o del lenguaje que representa un síntoma frecuente de la manía.

G

Glándulas endocrinas. Son los órganos encargados de producir y liberar hormonas al torrente sanguíneo.

Gangrena. Muerte de un tejido debida a la pérdida del paso de la sangre.

Glaucoma. Enfermedad ocular producida por aumento de la presión. Puede dañar el nervio óptico produciendo disminución de la visión o la ceguera.

Gen. Unidad básica de la herencia.

Genético. Que está relacionado con los genes.

Gestación. Duración del embarazo.

Glucagón. Hormona que aumenta el nivel de glucosa en la sangre producida por células alfa del páncreas.

Glucosa en ayunas, test de. Se utiliza para saber la cantidad de glucosa en sangre.

Glucosa. Azúcar que se encuentra en la sangre, y principal punto energético del cuerpo

Glucógeno. Producto a base de azúcares, almacenado en hígado y músculos.

Glucosuria. Presencia de glucosa en la orina.

Grasas. Uno de los tres tipos de alimentos y fuente de energía que ayuda al cuerpo a producir vitaminas y tener la piel en buen estado. Hay dos tipos de grasas:

Grasas saturadas. De origen animal y sólidos. Ej.: mantecas, tocino, mantequilla, etc.

Grasas insaturadas. De origen vegetal y de aspecto más líquido.

H

Hemoglobina. Proteína de los hematíes que transporta el oxígeno en la sangre.

Herencia. Lo que nos transmiten los padres.

Hidratos de carbono. Véase carbohidratos.

Hipercalórica. Sustancia que confiere un elevado contenido de calorías a la dieta.

Hipercinesia. Movimiento excesivo.

Hipercolesterolemia. Cifras elevadas de colesterol en sangre.

Hiperglucemia. Cifras elevadas de glucosa en sangre.

Hiperlipemia. Se llama así al nivel de grasas demasiado elevado en sangre.

Hiperparatiroidismo. Exageración funcional de las paratiroides.

Hiperprosexia. Exageración de la atención; idea fija, obsesionante.

Hipertensión. Elevación de la presión arterial por encima de ciertos límites.

Hipnótico. Medicamento que produce sueño.

Hormona. Sustancia liberada por las glándulas del sistema endocrino que regula determinados procesos de diferentes órganos situados a distancia de donde se produjo.

Humor vítreo. Sustancia gelatinosa y transparente que se encuentra en el interior del ojo.

I

Idea delirante. Creencia infundada de etiología desconocida real para el paciente.

IMC. Índice de masa corporal, calculado a partir del peso y la talla.

Infarto de miocardio. Resultado de la obstrucción de una o varias arterias coronarias, que producen la lesión y muerte del tejido cardíaco.

Ingerir. Tomar por la boca alimentos, bebidas o medicamentos.

Inmunosupresores, fármacos. Regulan la respuesta del sistema inmune.

Insulina. Hormona secretada por las células beta del páncreas.

Inyección. Introducir un líquido con una aguja o jeringuilla.

Islotes de Langerhans. Grupos especiales de celulas del páncreas que producen hormonas que ayudan a la degradación de los alimentos y su posterior utilización. Tienen forma de racimo y existen cinco tipos de células en cada islote.

J

Juanete. Protuberancia o bulto en la primera articulación del dedo gordo del pie.

L

Labilidad emocional. Cambios repentinos del estado de ánimo.

Lactasa. Enzima que convierte la lactosa contenida en la leche.

Lactulosa. Hidrato de carbono del grupo de los disacáridos.

Letargia. Síntoma de varias enfermedades nerviosas, infecciosas o tóxicas.

Libido. Instinto sexual

Light. Alimentos que tienen una reducción de al menos un 30 por 100 de su valor calórico.

Lípido. Véase también grasas.

Logorrea. Trastorno de fluidez del habla en el que se ven alterados la velocidad y el ritmo pero no la inteligibilidad.

M

Metabolismo. Cambio químico de las células en los alimentos.

Metionina. Aminoácido que forma parte de las proteínas.

Microneurisma. Pequeña dilatación que se forma junto a los vasos sanguíneos más diminutos.

Mioglobina. Proteína responsable del color rojo del músculo.

Monosacáridos. Hidratos de carbono sencillos.

Morbilidad. Proporción de personas que enferman en un sitio y tiempo determinado.

Morboso. Que causa enfermedad.

N

Necrobiosis lipoidica diebeticorum:. Condición de la piel en la zona baja de las piernas. Suelen ser pequeñas, amarillas, elevadas, con aspecto céreo y el borde púrpura.

Neurosis. Enfermedad funcional del sistema nervioso caracterizada principalmente por inestabilidad emocional.

Neuropatía. Enfermedad del sistema nervioso central.

Neurótico. Que padece neurosis.

Noradrenalina: Es un neurotransmisor que se sintetiza a partir de la dopamina.

O

Obesidad. Término que determina el exceso de peso en más del 20 por 100.

Obsesión. Idea, afecto, imagen o deseo que aparece en forma reiterada.

P

Palatabilidad. Cualidad que tiene un alimento de ser grato al paladar.

Páncreas. Situado en la parte inferior y por detrás del estómago, produce la insulina.

Polisacáridos. Hidratos de carbono complejos.

Presión arterial: Es la fuerza que realiza la sangre sobre las paredes de las arterias.

R

Radicales libres. Son responsables del envejecimiento y de la muerte celular.

Receptores. Zonas externas de las células que permiten a la insulina fijarse en la sangre.

Reflectómetro. Aparato que se utiliza para medir la cantidad de glucosa en la sangre.

Retinopatía. Enfermedad producida en la retina del ojo por lesión.

S

Sacarina. Endulzante sintético que se usa en vez de azúcar y no tiene calorías.

Secundaria, diabetes. Cuando está producida por otra enfermedad.

Serotonina. Neurotransmisor que se sintetiza a partir del triptófano.

Somatostatina. Hormona producida por las células delta del páncreas.

T

Tocoferol. Vitamina E.

Triglicérido. Compuesto formado por un ácido graso y glicerol.

Triptófano. Aminoácido esencial.

Tiras reactivas. Se usan para saber el nivel de azúcar y de cuerpos cetónicos.

U

Umbral renal. Niveles en sangre que tiene que alcanzar una determinada sustancia a partir de los cuales el riñón comienza a eliminarla.

Urticaria. Reacción alérgica sistémica consistente en la aparición de habones.

V

Vitaminas. Sustancias orgánicas necesarias para el funcionamiento del organismo.

BIBLIOGRAFÍA

ÁLVAR, LA TORRE, CERDA: *Aprende a salvar una vida*, 1997.

ARNOLD, ODOM, JAMES: *Tratado de dermatología*, 4ª ed., Masson-Salvat, 1993.

ARRIBAS: *Manual de cirugía menor y otros procedimientos en la consulta del médico de Familia*, Jarpyo Editores.

ARROTO ANIES: «Utilización de los medicamentos en el hogar, botiquín familiar y automedicación». En: *Farmacia Clínica*, 1990, 7 (9), páginas 784-789.

BOTELLA, LADILLELA: *Medicina para montañeros*, Federación Territorial Valenciana de Montañismo, 1985.

BRAUN-FALCO, *Dermatología*, Springer-Verlag Ibérica, 1995.

BRUNET-GUEDJ, MOYEN, GENÉTY: *Medicina del deporte*, 3ª ed., Masson, 1997.

COLE, PUESTOW: *Primeros Auxilios*, 6ª ed., Interamericana, S.A., 1990.

CONSEJO GENERAL DE COLEGIOS OFICIALES DE FARMACÉUTICOS: *Guía para el farmacéutico. Texto base del programa de Educación sobre el Medicamento*, páginas 34-36.

CRUZ ROJA ESPAÑOLA: *Auxiliar de transporte sanitario*, Asetip, 1995.

CRUZ ROJA ESPAÑOLA: *Guía breve de primeros auxilios*, Printer, 1982.

CRUZ ROJA ESPAÑOLA: *Manual Cruz Roja de Primeros Auxilios*, El País-Aguilar, 1999.

DE NICOLÁS REPULLO: *Salvamento y socorrismo (Primeros auxilios en caso de accidentes)*, Caja de Ahorros Provincial de Alicante, 1979.

Diccionario médico, 4º ed., Masson, 1998.

DU VIVIER: *Atlas de dermatología clínica*, 2ª ed., Mosby/Doyma, 1995.

FARRERAS ROZMAN: *Medicina Interna*, 21º ed., Doyma, 1995.

FERRÁNDIZ: *Dermatología clínica*, 2ª ed., Editorial Harcourt, 2001.

FITZPATRICK, JOHNSON, WOLFF: *Atlas en color y sinopsis de dermatología clínica*, 4ª ed., McGraw Hill-Interamericana, 2002.

GALLAR MONTES: *Curso de primeros auxilios para marinos*, Subsecretaría de la Marina Mercante, 1975.

GARCÍA SANCHÓN: "Intoxicaciones por mordedura de arañas. Actuación de enfermería", en *Revista ROL de Enfermería*, 13-16, julio-agosto de 1997, páginas 227-228.

GARCÍA SANCHÓN: "Picaduras de escorpión", en *Revista ROL de Enfermería*, 52-53, mayo de 1998, página 237.

GARCÍA SANCHÓN: "Picaduras de medusas. Intoxicaciones", en *Revista ROL de Enfermería*, 58-60, julio-agosto de 1996, páginas 215-216.

IBÁÑEZ ALCANZA: "Angustia y ansiedad", en López Ibor, J. M., *Psicología práctica* (Tomo IV), Espacio y Tiempo, 1992.

KIDD, STURT: *Manual de urgencias en enfermería*, Hacourt Brace, 1998.

POTTER, ROSE: *Urgencias en enfermería*, (Tomo I), Interamericana-McGraw Hill, 1992.

RUANO, PERALES: *Manual de Soporte Vital Avanzado. Comité Español de R. C. P.* Editorial Masson, 1996.

SABISTON: *Principios de patología quirúrgica*, 13ª ed., Interamericana-McGraw Hill.

SAFAR: *Reanimación cardiopulmonar y cerebral*, Interamericana, 1982.

SÁNCHEZ OLMOS: *Cartilla de primeros auxilios*, Caja de Ahorros Provincial de Alicante, 1990.

SOLER-ARGILAGA: *Diccionario Médico Roche*, Doyma, 1993.

TAYLOR, ELIZABETH J. et al: *Diccionario enciclopédico de medicina*, Interamericana- McGraw-Hill, 1993.

TINTINALLI, RUIZ, KROME: *Medicina de Urgencias*. Volúmenes I y II. 4ª Edición, McGraw-Hill Interamericana, 1997.

VIEUX, JOLIS, GENTILS: *Manual de socorrismo*, 3ª ed., Editorial Jims, S.A., 1992.